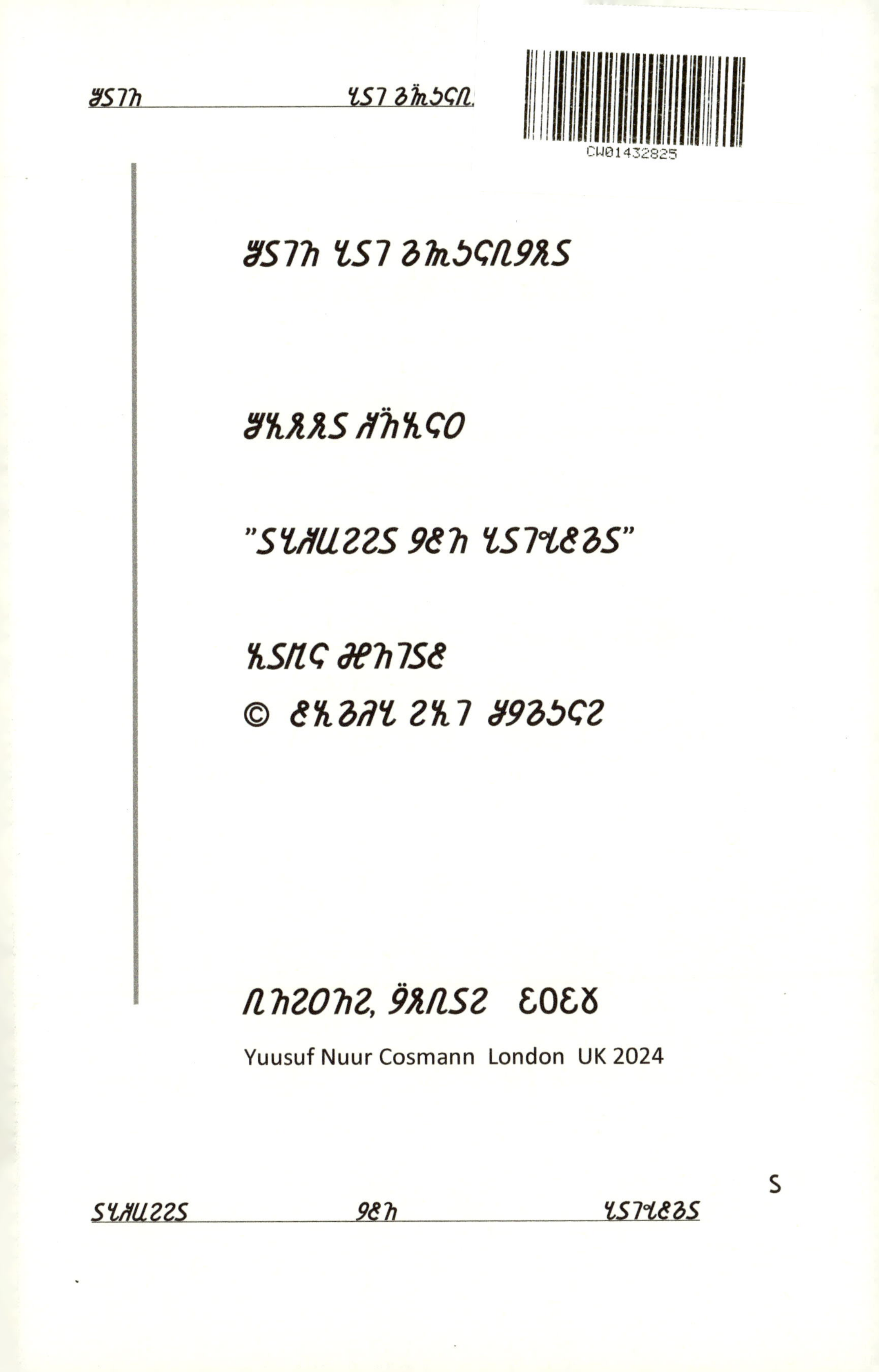

©

Yuusuf Nuur Cosmann London UK 2024

S

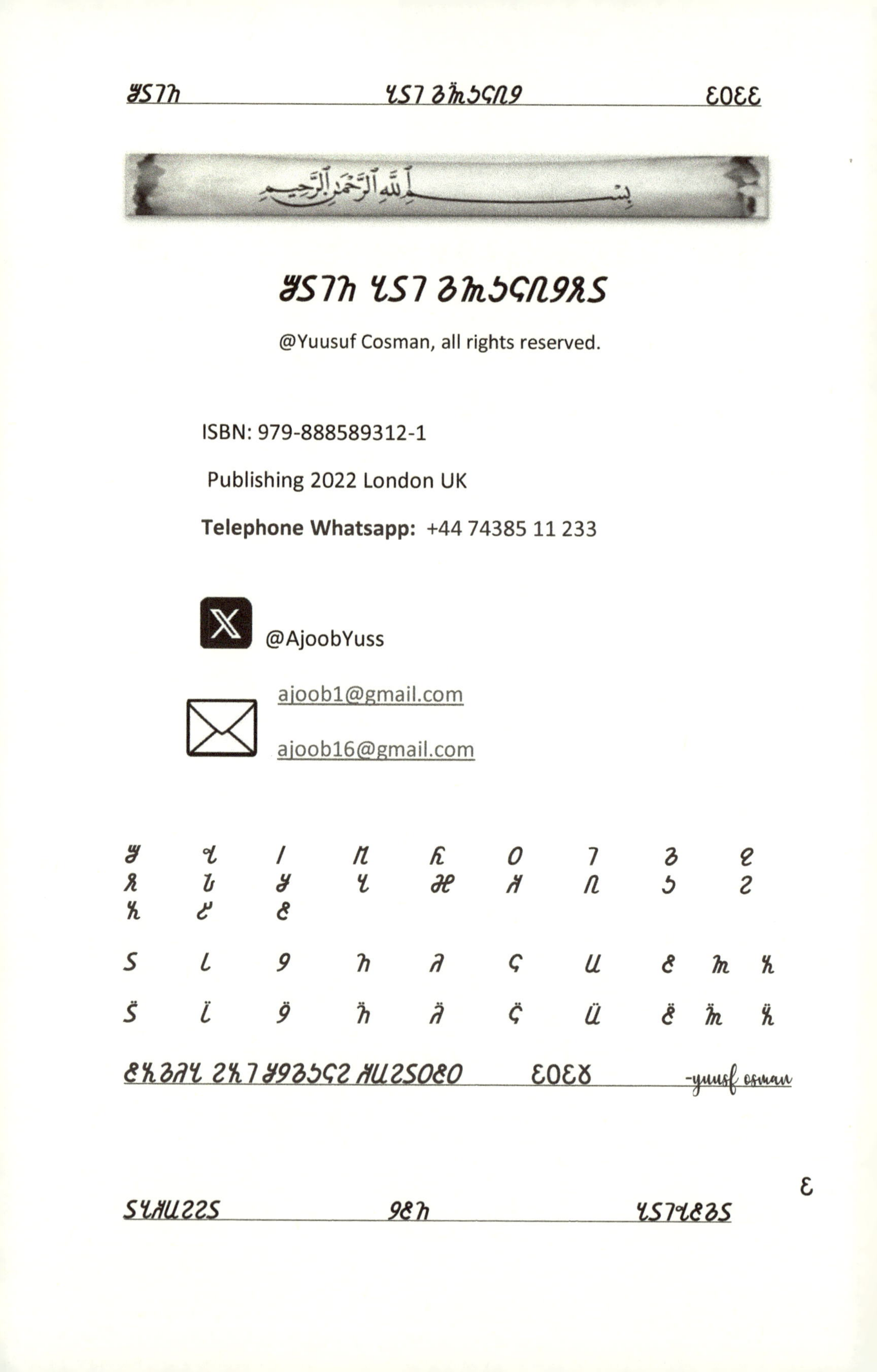

بسم الله الرحمن الرحيم

ISBN: 979-888589312-1

Publishing 2022 London UK

Telephone Whatsapp: +44 74385 11 233

@AjoobYuss

ajoob1@gmail.com

ajoob16@gmail.com

-yuusf osman

ՎᏗՑՆh **ЎhՋ**

h

ᏖႻႦჂℎ ႸℎႬ

ᏅhᏅhᏁᏓ9Ꮕ

ᏗᏌOSOS 9Ꮛh ᏖᏨᏑᏯS ᏁᏆ ᏖhᎢSᏋ

ᏑᏂᏅᏅᏨᏋ ᏑSᎢh SᏙᏯᏨᏅS 9Ꮛh ᏙSᎢᏙᏋᏰS ᏂᏨ ᏯᏆᏑSᏋ ᏋSᏋSᏋ, ᏓᎢᏓᏋSOS ᏂSᏁᏨ ᏁS ᏰhᏲOS ᏕSᏰSᏂ9Ꭲh. ᏂᏨ ᏑᏂᏅᏅᏋ ᏯhᏂᏨO. ᏑᏂᏅᏅᏨᏋ ᏂSᏁᏨ ᏁᏆᏅᏗ ᏙSᏁh ᏅSᏁSᏋ, ᏑSᎢSᏋSOS ᏖhᎢ9OOS ᏙSᎢ ᏰᏆᏕᏨᏁ9ᏅS 9Ꮛh ᏑSᎢSᏋSOS ᏰᏆᏕᏨᏁ9ᏅS SᏍᎢ9ᏋᏙᏋᏰS. ᏂSᏁᏨ ᏯᏗ ᏑSOSᏋ ᏑᏂᏅᏅᏨᏋ ᏙᏗᏰᏨᏁᏆᏋ9Ꮛ 9Ꮛh ᏕSᏰSᏂSᎢh, ᏁᏆᏁS ᏌᏌOh ᏙᏗOᏗOSᏋᏋᏙS ᏑSᎢSᏋSOS ᏙSᎢᏙS.

ᏁᏗᎢᏂᏙᏙS ᏙSᎢᏙᏨᏋ ᏂSᏁSᏋ ᏯS ᏯᏆᏑSᏋ ᏙSᏋSᏋ:

- ᏋS Ꮛ9ᏑᏑSᏋᏓ
- SO ᏋSᏖSᏁ - ᏁᏌOOh (Ꮛ ᏅᏨᏑSᏋ 9Ꮛh Ꮛ ᏓÜᎢ)
- SO ᏋSᏖSᏁ - ᏯᏆᎢᏓ (Ꮛ ᏅᏨᏑSᏋ 9Ꮛh Ꮛ ᏓÜᎢ)
- ᏋSᏕᏰS Ꮖ Ꮥ9O SᏋ (ᏂᏨ ᏨᏕᏗᏰ ᏋSᎢ)
- ᏋO ᏯS ᏋSᏖSᏁ SO ᏯS Ꮥ9O SᏋ Ꮣ9ᏑᏑh ᏕS ᏰᏨᎢᏋS (ᏂᏨ ᏁᏌOOh)
- SO ᏯS Ꮥ9O SᏋ ᏂSᏁᏨ ᏰᏨᎢSᏋ Ꮣ9ᏑᏑh (ᏂᏨ ᏯᏆᎢᏓ).

ᏋS Ꮛ9ᏑᏑSᏋᏓ 9Ꮛh ᏋO-ᏯS ᏋSᏖSᏁ ᏂSᏁᏨ ᏁᏆ OᏆᎢᏙSᏋ, 9Ꮛ ᏁSᏅᏗ ᏖhᎢh ᏲhOᏯS SᏙ ᏰᏆᏕᏨᏁ9ᏅS. SᏙᏯᏗ ᏂᏗᏁᏂ ᏯS ᏯᏆᏑSᏋ ᏋSᏋSᏋ ᏓᎢᏓᏋh, ᏯᏗᏂᏨᏰ SᏋᏨ ᏲhO ᏋhᏖOSᏋ. ᏲhOᏯᏨᏰ SᏋᏨ ᏁᏆ ᏋᏌᏁSᏋ ᏁSᎢᏙh Ꮥ9O Ꮥ9O ᏁᏆ ᏑSᎢᏙh.
ᏂSᏁᏨᏋ ᎢSᏌSᏋᏋSᏋᏨ, 9ᏋᏂ ᏋhᏖOh ᏑᏂᏅᏅᏨᏋ Ꮥ9O SᏋ ᏂSᏁ ᏯS ᏑSᎢᏙᏨᏋ OSOᏯS ᏌᏓᏲᏓᏁ ᏑSᎢSᏋSOS ᏙSᎢ ᏰᏆᏕᏨᏁ9ᏅS SᏰSᏁᏯS SᏋ. ᏓᎢᏓᏋSOS ᏕSᏅSᏲS Ꮜ ᏑᏂᏅᏅᏨᏋ ᏯᏗ 19ᎢS, ᏂSᏁᏨ ᏁSᏅᏗ ᏯᏨᏑSᏋ ᏕSᏰSᏂ9Ꭲh. ᏂSᏁᏨᏋ ᏁS ᏯᏨᏋSOSᏋ ᏖhᎢ9OOS ᏑᏂᏅᏅᏨᏋ ᏖᏨᏕᏂᏰᏯᏋ OᎢ. ᏋᏨᏰᏋᏋ Ᏺ9ᏰᏕᏨᏋ Ꮜ SUᏅᏗ ᏁS OᏨᏑSᏲSᏋ 9ᏰSᏅᏆ ᏁᏨᏙᏋᏋ ᏯᏗ ᏖhᎢSᏋ. ᏂSᏁᏙSᎢᏯS ᏖᏨᏕᏂᏰᏯS ᏨᏋ ᏯS ᏋÜᏁSᏋ ᏂᏨ, ᏕSᏅSᏲᏋSOS ᏖᏨᏕᏂᏰS ᏯᏗ 19ᎢS ᏂSᏁᏨ ᏁS ᏰhᏲOS ᏕSᏅSᏲ ᏯSᏰᏙS ᏖSOhᏑᏯᏋᏰS. ᏲᏗᏙᏗᏑ ᏯSᏰᏙS Ꮖ ᏑᏂᏅᏅᏨᏋ ᏯS Ꮥ9O SᏋ, ᏂSᏁᏨ ᏯᏗ 19ᎢS ᏁSᏋᏁ9Ꮛh 9Ꮛh ᏙᏗᏰᏨᏁᏆᏋ9Ꮛ. ᏲᏗᏙᏗᏑᏯS ᏯhᏂᏨO ᏂᏗᏁᏂ ᏯS ᏯᏆᏑSᏋ ᏑSᎢSᏋSOS

ᏆᏓ9ᏆSOS 9Ɛh ᏑSᏜSᏳƐh ᏑSᏰSᏂ9Ꮖ ᏁSᏜᎯ ᏑᏂᏓ9ƐᏓƐ. ᏳᏂᏜᏜᎯ ᏑS SᏋS Ꮡ90 ᏁᎠᏜᎯ ᏆᏓSᏁSᏜSᏁSƐ ᏳSᏆSᏋSOS ᏋSᎷᏂSᏋS.

ᏳᏂᏜᏜᎯ ᎯSᏑS ᏑSᏆᏋS ᏆᏓᏰᏟᏁᎠƐ9Ᏻ ᏋSᎷᏂᒪ SᏋ Ꮇ ᏁS Ꮇ9ᏆƐᏆS ᏳSᏆSᏋSOS SᏓᎯS. ᏋSᎷᏂᒪ ᏁSᏜS ᏑS ᏑᏟᏆᏑSƐh, Ᏸ9 ᏁᎷ ᏋᒪᏁh ᏂUᏆ ᏰSᎷ SᏋ.
ᏳᏂᏜᏜᏟᏋ ᏂᏟ ƐSᏆ ƐSᏋSƐ Ꮇ ᒪ ᏆᏓƐSOƐᏰᎯ ᏂᏟ SᏓ ᏰᏰᎠᏑᏟᏁ9 ᎯᒪᏁ9ƐS, ᏁSᏜᎯᏑS ᏓSᏰ9Ꮖ9Ᏻ SᏓ ᎯSᏁᒪ Ꮇ ᏂSᎷS ᏁS ᏳSᏆSᏋSƐh SƐᏟ SᏓ ᏰᏰᎠᏑᏟᏁ9 SᏋ. Ꮵh Ꮖ900S SᏓᎯS SƐᏟ ᏑᎯᏋ9ᏑSO ᏂᏓƐᏋ ᏁᒪᏋ ᏳᎯᏁᏋSOS ᏓᒪᎷOUOS. ᏂSᎷᏟ ᏑᎯᏋƐᏑ SᏋ, 9Ᏻ ᏁS ᏋᒪᏁh Ꮵh ᏆᏟᏁ ᏓSᏓ9ƐS Ꮇ ᒪ ᏆᏓƐ ᎯSᏰᏆᏓS Ꮒ ƐUᏋh Ꮵh ᏆᏟᏁ ᏁSᏜᎯ ƐSᏥᏟᏋ.
Ꮵh Ꮖ900Ꭿ ᏂSᎷSƐ Ꭿ ᏳᏟᏋᏟᏋ ᏆSᏋSƐ, 9Ᏻ Ᏸ9 Ꮇ9ᏆᏓSOSƐᏰSᏋ ᏁᎷ ᏂUᏆUƐh, ᏆᏟᏰ Ꮇ ᎯS OᎯᏂSᏋ ᏥᏟᏳᎯS ᏁᎷ ᏆᏓ9ᏆᏟᏳh.
SᏓ ᏰᏰᎠᏑᏟᏁ9ᏜᎯ ᏂᎯᎷᏂ ᎯS Ꮡ90 ƐSᏋSƐ SᏓSᏓᎯS OS'OS ᏂᏓƐᏋ, ᏆᏟᏰ ᏂSᎷᏟ ᏳSOOSƐᏋSƐS ᏰᏂᏜᏟᏋᏓS ᏑᎯOOSOS ᏓÜᏆ ᏰᎷ Ꮖ9ᏆᏓSƐ.

ᎯᒪᏁ9/ ᏥhOhᏳ — ᏂSOSᏆ/ ᏥhOhᏳ

SᏓ	SᏓᎯS	SᏓSᏓ	SᏓSᏓᎯS
SᏓᎯƐ	SᏓSᏓᎯᎯ	SᏓSᏓᎯƐ	SᏓSᏓᎯᎯ

ᒪᏆᏓƐᏜS SᏓ ᏰᏰᎠᏑᏟᏁ9:

SᏓ: ᒪ ᏆᏓƐSOS 9Ɛh ᎯᏓUOᎯᎷOS, ᏋSOSᏁ ᏓSᏋ Ꮇ OSO 9ᏰᎯᎯ ᏜSᏆᏆᏓh Ꮇ ᎯᎯ ᏂSOS ᏋSOᏁh 9Ɛh 9ᏋᏂ ᏂSᎷ ᎯᎯ ᏥSᏳᏰ90h.

ᏑSᏳᏋSƐᏟᏋS ᎯSᏁᒪ U ᒪ ᏆᏓƐᏜS SᏓ:

S. ᎷᎯᏳ9ᏋᏆS SƐ ᏋSᏓᏁUƐOᎯ ᏂSᎷ ᎯᎯ ᏳᎯᏋᏆh Ꮇ ᏳᎯᏋ9ᏑSᏋS, ᏳS̈ᏆᏆSᏳᎯS 9̈Ɛh 9ᏁᎯᎯᏋᎯ ᎯᎯ ƐᏟᏁƐᏋ.
Ɛ. Ꮣ9ᏋSᏳS SƐ Ꮡ9ᏋO90Ꭿ ᏂSᎷ ᎯᎯ ᏜḧƐᏰh.
h. ᏂSOOh, ᏆḧᏜ, ᎷSᏆ9Ꮬ ᏑUᏋS SƐ ᎯS Ᏻ9ᏁhᏂOᏟᏋ.
Ꮩ. ᏋSƐ SᏑS ᏑUᏁ ᏜᎯOh ᏑUᏋS ᏂSᎷ ᏁᎷᏜS ᏋᎯᏳh SᏑS ᏁSᏜS ᏜÏᏁ9Ᏻ ᎯSᏆh.

ƽSȻSOƧSӘ

ƱSƽƽƇƧ ЋSMƇƧ ƽSȻSO ƇƧ ՈS ӒӢЗ9 ӒSΊ9Ƨ Ⴀ ԼԱO9ƧSƐƇ OSOӒƐ ЗЋЯЯƇƧ ЯSӲSƧԎS ӒS ЯΪƐƷSԎՆƐ.
OSOӒƇƷ ЋSMƇƧ ӒS ȻΪՈSƐ ԎSՈӢƐ9Ƨ 9ƐΉ ƱƐΊ9 ЯΪՈ9Ƨ.
ǨO 9ƐΉ ǨO SƐƇ ՂЯՂ ƽSȻSOƷSƧ Ԏ9ȻƐƧ ӒƇՈƽSOƇƷ.ЋSMƇ ƽՂOSƧ 9Ƨ ƇƧ ՈՂƷΉ ŠՈՈS ȻS Ⴀ ƧSMSΊƐƷԎΉ OΊ. ƐƇƷƐƧ Ӳ9ƷƽƇƧ ӒԱƧSOƐO Ӣ ӘΉΊSƐ ӘƇƽЋƷӒS SԎ ƷӢƽƇՈ9ЯS ՂЯՂ ȻΉΊΊԱƐՆƐ, ӒƇƷ Ӣ SƐ ӒՂ ӘΉΊSƧ ƐΫȻƐƧ ՆΊՆƐΉ ƷӢƽƇՈ9 SȻ Ӣ ЯƇΊSƐS SƐOOO. ՆΊՆƐ ӒSƷԎS Ӣ ƽSЯSӲ SȻ ЋSMƇ ՈS ƷΉӲOS ӘΉOΉЗӒƐƷS 9ƐΉ ӘǨΊ ӒS ƽ9O SȻ ƽSƷSЋ9ΊSOӢOS.

ƽSЯSӲƐSOS ЗЋЯЯƇƧ ӒՂ ӘΉΊΉΊSƧ, ЋSMƇ ՈS ƷΉӲOS ЋSOSΊԎƐ ΫƐΉ ƽSЯSӲS ӘΉOΉЗӒƐƷS.

ЋSMƇ ӒSΊӢ ՈՂƷ9O ƽՂOSƧ, ŠՈՈՆ ȻS Ⴀ ƧSMSΊƐƷԎΉ, OΊ. MΫΊƷ9 ƽSЯSƧ ӲƐƷՆ Ӣ ƇƧ ЋSM ЗSOSƧ Ӣ ЧSΊ ƷӢƽƇՈ9ЯS ӒՂ ƷƇЗƷSƧ ӒS ЗSΊԎSƐ. ЋՂMЋ ӒSՈӢ OΊ. M. ƽ. ӲƐƷՆ ӒՂ ЯЋΉՈSƐƷԎSƐ, 9Ƨ ЧSԎƇƧ ȻΉΊՂƽSΊӒƇƧ ӒՂƽЗՂƐЋԎSΊӒS ՈS ЯƇΊƷƐƐΉ. ЋSMƇ ӒSՈӢ ӘSƐЗ ЋΪƐƧ ӒS ӘƇԎSƐ ƱSƧЗS ȻΉΊΉƽSΊ9ƧԎS ЧSΊԎS, ƽՂOSƧSƐƇƧS SƐ ӒS ƽΫO ƐΫȻƐƧ ӲSЗO9ӘSƧ9 ƐЋƷՂԎ ӲSOOՆ, SMƽՆO ƐЋƷՂԎ ƽSMSƽՆO (Ȼ9ՈՈƇӲ) 9ƐΉ ӲSЗO9ΊSƧƐO OƇȻ9Ί ƷԱO "ӘӢΊ", 9ƐΉ OSO ӒSՈՆ Ӣ ЗSOSƧ. ƱSƧӒS ԎSƧ9ЯS ЗЋЯЯƇƧ 9ƐΉ ӘΉΊ9OOƐƷS, ЋSMƇƧ ՂЯS ƽSȻSO9ƧSƐƇ ЗSƧƐΊ ƧЋΊ Ӳ9ƷƽƇƧ, SЋՆӒƷ ƽSMSƽՆO ƐЋƷՂԎ, MSƷSƧ ƽSMSƽՆO ƐЋƷՂԎ-ƱЋM, SЗOՂՈՈƇȻ9 Ӳ9ƷƽƇƧ SЋ ƽЋƷՆ, SMƽՆO-OSƐ9З ƧЋΊ Ӳ9ƷƽƇƧ.

ЋSMƇ ƽՂOSƧ 9ƧƇ Ⴀ ƽSȻSO ӲՆՈ9ƐΉ ӲSՈ9 ӲSЗO9ΊSƧƐO ӲSՈ9 ƧSΊƽƇΊӒՆ Ӣ ӘSƐЗ Ո9MƇO ՈՆȻ ӒS ӘƇԎSƐ ЗЋЯЯƇƧ OƇЗSӲSOOƐƷS.
ЋSMƇƧ Ʒ9 ՈՂƧƽSO ՈՆȻ ƽSȻSO ՂЯՂ ӲՆՈ9ƧSƐƇ ƱSƽƽƇƧ SΊOSƐOSƐOƐ ЧSΊԎƇƧ ЗSΊSԎSƐ, ӒՂЋS ЋՆՈ9 ЗSΊSƧSƐS 9ƐΉ ӒՂЋS ЗSΊSƧ OӢƧS Ȼ.Š.9.

ӘSΊԼ: ƐЋƷՂԎ ƧЋΊ Ӳ9ƷƽƇƧ ƐOƐƐ

Ɔ

ᏠᏧᏠᏧᏠᏗᏚ ᏗᏂᏥᏳᏫ

Ꮰ	Ꮭ	Ꮖ	Ꮇ	Ꮵ	
Ꮼ	Ꭲ	Ꮛ	Ꭼ	Ꮟ	ᎬᏭᏠᏠᏚᏃᏝ ⟵
Ꭹ	Ꮢ	Ꮞ	Ꭽ	Ꭿ	
Ꮑ	Ꮝ	Ꮓ	Ꮴ	Ꮲ	
Ꮸ	ʻ ᏢᏚᎢᎢᏌᎤ				

Ꮪ	Ꮭ	Ꮹ	Ꮒ	Ꮧ	ᎬᏚᎭᏚᏁ/ᏝᏗᎢᏝ ᏁᏌᎤᎤᏂ ⟵
Ꮳ	Ü	Ꮸ	Ꮈ	Ꮵ	

Ꮪ̈	Ꮭ̈	Ꮹ̈	Ꮒ̈	Ꮧ̈	ᏰᏚᎭᏚᏁ/ᏝᏗᎢᏝ ᏗᏈᎢᏝ ⟵
Ꮳ̈	Ü	Ꮸ̈	Ꮈ̈	Ꮵ̈	

ᏢᏚᎢᎢᏌᎤ ʼ ⟵

ᏥᏳ ᎬᏭᏠᏠᏚᏃᏝ ᏝᏚᏥᏳᎭᏰᏚᎤᏚ ᏢᏚᎤᏚᏁᏗᏚ
ᏗᏚ ᏝᏭᎤ ᏚᏢ. ᏥᏳ ᏳᏝᏝᏗᏰ ᏰᏚᎢ.
ᏥᏚᏠᏳ ᏗᏚᏁᏝ Ꮈ ᏁᏚᏑᏗ ᏝᏚᎩᏃᏌᏰᏳ ᏠᏂᎤᏗᏚ
ᏗᏚ ᎤᏚᏃᏠᏌᏰᏚ ᎬᏚᎭᏚᏁ. ᏰᏭᎤᏚ:

ᎤᏚʼ, ᏑᏚᏝᏚʼ,ᏑᏗʼ, ᏁᏝʼᏝᏑ. ᏁᏂʼ, ᎢᏭʼ.

C

Վ97h

0 - ĽƷĿ7	SS - ȺĥҞ9Ɛh Վĥ ƷSƨ	ƐS- ȺĥҞƐhՌSƷƇՎSƨ
S - Ⱥĥk	SƐ - -ՌSƷh9ƐhՎĥƷSƨ	ƐƐ- ՌSƷh9ƐhՌSƷƇՎSƨ
Ɛ - ՌSƷh	Sh - ȜSOOĿՌ9ƐhՎĥƷSƨ	Ɛh - ȜSOOĿՌ9ƐhՌSƷƇՎSƨ
h - ȜSOOĿՌ	SȢ - SՎS79ƐhՎĥƷSƨ	ƐȢ - SՎS79ƐhՌSƷƇՎSƨ
Ȣ - SՎS7	Sƹ - ƸSƨ9ƐhՎĥƷSƨ	Ɛƹ - ƸSƨ9ƐhՌSƷƇՎSƨ
ƹ - ƸSƨ	SԿ - Ռ9Ռ9ƐhՎĥƷSƨ	ƐԿ - Ռ9Ռ9ƐhՌSƷƇՎSƨ
Կ-Ռ9Ռ	SƆ - ՎhOOhƷh9ƐhՎĥƷSƨ	ƐƆ - ՎhOOhƷh9ƐhՌSƷƇՎSƨ
Ɔ - ՎhOOhƷh	SC - Ȝ9OOUO9ƐhՎĥƷSƨ	ƐC - Ȝ9OOUՋ9ƐhՌSƷƇՎSƨ
C -Ȝ9OOUO	SU - ȜSՋƇՌ9ƐhՎĥƷSƨ	ƐU- ȜSՋƇՌ9ƐhՌSƷƇՎSƨ
U -ȜSՋƇՌ	Ɛ0 ՌSƷƇՎSƨ	h0 - ȜhOOhƨ
S0 -ՎĥƷSƨ	[redacted]	
Ȣ0 - SՎS7ՎSƨ	Կ0 - Ռ9ՌOSƨ	C0- Ȝ9OOUՎSƨ
ƹ0 - ȺhƨՎhƨ	Ɔ0- ՎhOOhƷƇՎSƨ	U0- ȜSՋƇƸSƨ
S00 - ƷhƜhՌ	S0S - ƷhƜhՌ9Ɛh Ⱥĥk	S0Ɛ - ƷhƜhՌ9Ɛh ՌSƷh
S0h - ƷhƜhՌ9Ɛh ȜSOOĿՌ	S0Ȣ - ƷhƜhՌ9Ɛh SՎS7	S0ƹ - ƷhƜhՌ9Ɛh ƸSƨ
Ɛ00 ՌSƷh ƷhƜhՌ	h00 ȜSOOĿՌ ƷhƜhՌ	Ȣ00 ƷhƜhՌ ƹ00 ƷhƜhՌ

ՙ97hՙ9ՈƆϚƧ

ȀȟȟϚO	S.	ՈSℨϚՙSƧϚO	ƐO.
ՈSℨϚO	Ɛ.	ƷhOOhƧϚO	hO.
ƷSOOԼՌϚO	h.	SՙS7ՙSƧϚO	ƔO.
Sՙ7ϚO	Ɣ.	ȀhƧՙSƧϚO	ƸO.
ƸSƧϚO	Ƹ.	Ո9ՌOSƧϚO	ЧO.
Ո9ՌϚO	Ч.	ՙȟOOhℨϚՙSƧϚO	ƆO.
ՙȟOOhℨϚO	Ɔ.	Ʒ9OOUՙSƧϚO	CO.
Ʒ9OOUOϚO	C.	ƷSȐϚƸSƧϚO	UO.
ƷSՌϚՈϚO	U.	ℨhȜՈϚO	SOO.
ՙȟℨƧϚO	SO.	ȀȺƆϚO	SOOO.

ՈSℨh ȟƸՈ.

ƸSƧ ՙS7Sƺ.

Ո9Ռ ȐSℨƂȟO.

ՙȟℨSƧ ℨϚℨȟ 7.

ȟƸՈȀS ՈSℨϚO.

ՙS7SƷȀS ƸSƧϚO.

ȐSℨSƂS Ո9ՌϚO

ℨϚℨȟ 7ȀS ՙȟℨƧϚO

ƼSጰSჵ

ჵSՈSՇჵՇՈ9ƃ

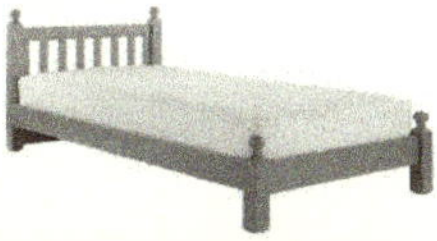

ƃS7Ɛ7

ՇƏ9ϟჵ97

ᖷ97ᖷ97Ꮡ

ᏓÄ7ϞϚ

IU7

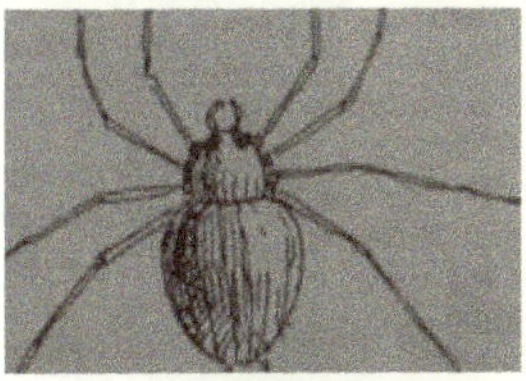

ՈϟOO9ጰ

ჵϚ7ɦ

ჩSO

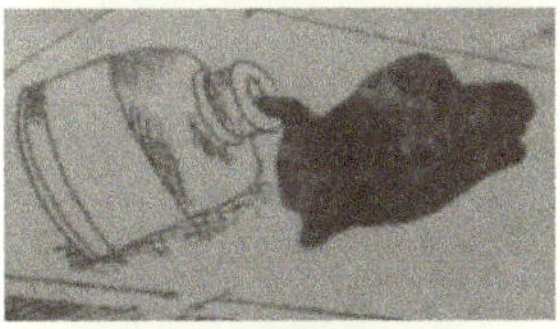

ጰÜO

OϚƐU7

ϟS7Sƃ

79'

ჭSՈ9Ƨ

ЯℳӠ 

 SՈӠϾӠ

ՈԳӠϾꟽ 

 ÜƐ

ƼSƨϾIԳO 

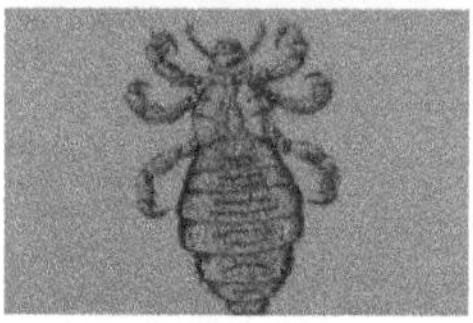 ԳƨIԳ٦

ƨԳƨ 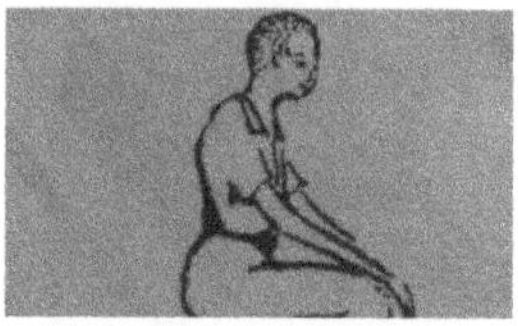

 ԴOSƐ

ԷSƨ 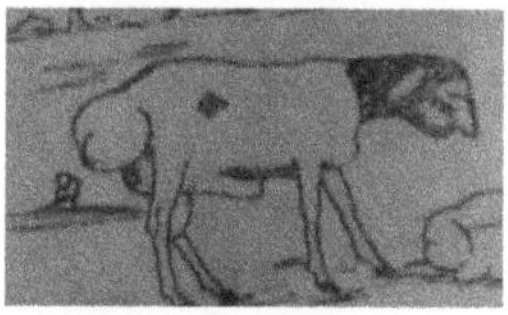

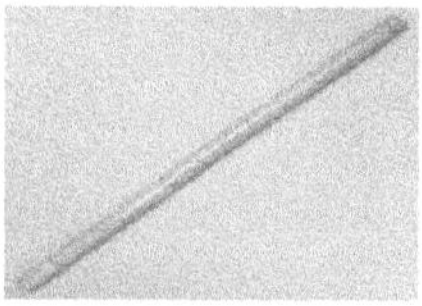 ƏՈ

ᘔS̈٦ԷӠ 

 ՈԴ'

ƐSꟽϾƨ 

S. ՈSԑՈ9 ႸᏗᏋᏗᏜᏗS ᏗЋᏥϚO

ᏕᏂꞀ ՏSᏘSᏩԑSOS ՏSᏱSᏥ9ꞀSOϚƨ

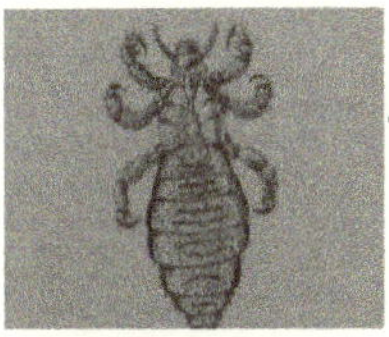

-9ƨI9Ꞁ-

-ᏘᏗꞀ9-

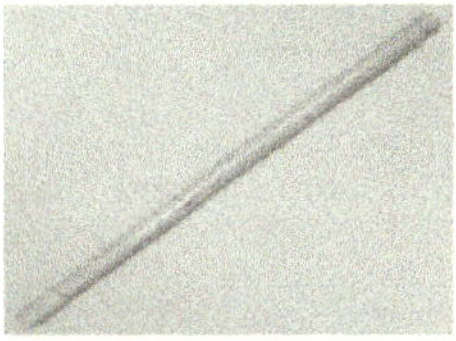

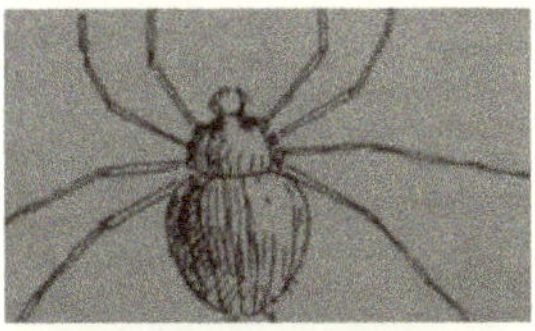

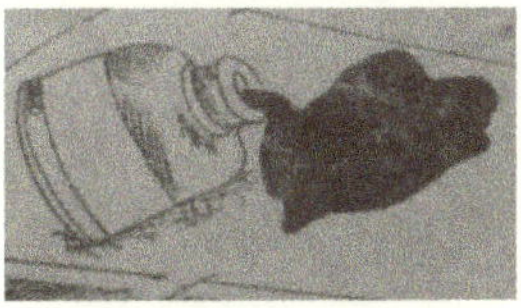

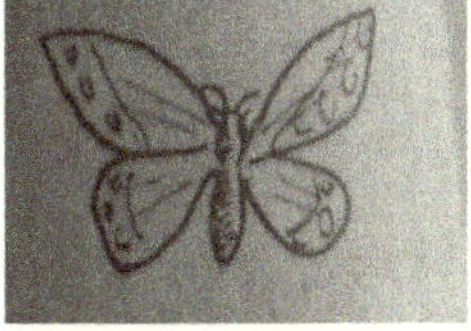

Ɛ. ՈSᏋՈᏭ

ᏕᏂᏆ ᏡᏭᏆSOS: (S-ƐO) ᎯᏂ̈Ꮵ ᏭՈᏍ ƐO ՈSᏑᏍᏡSᏓ ᏡᏗᏰᏍՈᏓ:

S. ᎯᏂ̈Ꮵ

Ɛ. ________

h. ________

Ɣ. ________

Ꮭ. ________

Ч. ________

Ↄ. ________

C. ________

U. ________

SO. ________

SS. ᎯᏂ̈ᏥᏭᏋᏂ ᏡᏂ̈ᏑSᏓ

SƐ. ________

Sh. ________

SƔ. ________

SᏓ. ________

SЧ. ________

SↃ. ________

SC. ________

SU. ________

ƐO. ________

ᏊᎮᏈᏞᎮᏌᎯS **ᏁSᏌᏄO**

ᎯSᏱ 9Ᏹƕ ᏗSᏱ

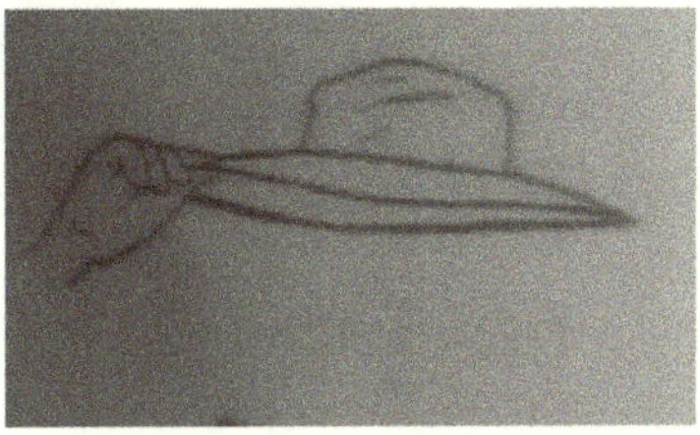

ᎯSᏱ ᏂᏄ ᏌᏂᏞ. ᏗSᏱ ᏂᏄ ᎯᏱᏒ9ᏋSO.

(ᎯSᏱ9) ᏂᏄ ᏌᏂᏞ. (ᏗSᏱ9) ᏂᏄ ᎯᏱᏒ9ᏋSO.

ᏁSᏌSOᏄᏱ ᏗᎮᏰᏄᏁᏝ ᏂᏄ ᏰSᏁ ᏁSᏌSOᎮᏌS.

SᏒ ᏰᏱᏕᏄᏁ9ᏞᎮ ᏂSᏁ9 ᏁᏱᏕS ᎯSᏁS ᏁSOSᏋᏱ, ᏝᏁᏋSOS ᏑᏂꓶᏄᏁᎯS ᏁᏱ 9ᏰᏗ9ᏊᏕᏄᏁSᏋƕ 9Ᏹƕ ᎯᎮᏂS ᏋSOSᏁᎯS ᎯᏝᏁ9 SᏋ ᏁᏱ SOᏌᏞᏰSᏱSᏋƕ.

ᏁSᏌSOᏄᏱ ᏗᎮᏰᏄᏁᏝ ᎯSᏱ ᏞᏄᏌSᏱ SᏋᏄ ᏌᎮᏞᏞᏄᏱ ᎯᎮ ᏌSOSᏱ. ᎯSᏱ9 9Ᏹƕ ᏗSᏱ9 ᎮᏁSIᏌOSOᎮ ᏂSᏁSᏋ ᏗSᏋSᏋ SOᎯSᏋᏱ Ᏹ ᏕSᏞSᏊᏄᏰ ᏁS SOᎯSᏋᏱSᏋƕ SᏕS ᏁS ᏋᎮᏌ9ᏱSᏋƕ.

Ᏸ9OSᏋ Ꭾ ᏌSOSᏱ ᏗSᏋSᏋ ᏂᏄ 9ᏰᎯᎮ ᏕSᏊᏱᏝ ᎯSᏱ/ᏗSᏱ 9Ᏹƕ

ᎯSᏱ9/ᏗSᏱ9. ᏑᏄᏕᏂ ᏰᏋSOS SᏒ ᏰᏱᏕᏄᏁ9ᏞS ᏂSᏁSᏋ ᏑᏄᏗᏌᏱ ᎯSᏱ 9Ᏹƕ ᏗSᏱ.

ጰᎴ79
ᏜSᏤ ᏂᏓ ጰᎴ79.

ՖϚՖᏂꓕ
ᏜSᏤ ᏂᏓ ՖϚՖᏂꓕ.

ጰSՖSꓕ
ᏨSᏤ ᏂᏓ ጰSՖSꓕ.

ՖᏂጰ
ᏜSᏤ ᏂᏓ ՖᏂጰ.

ᏐSՈ9Ꮴ
ᏜSᏤ ᏂᏓ ᏐSՈ9Ꮴ.

Ꮸ97Ꮸ97Ꮑ
ᏜSᏤ ᏂᏓ Ꮸ97Ꮸ97Ꮑ.

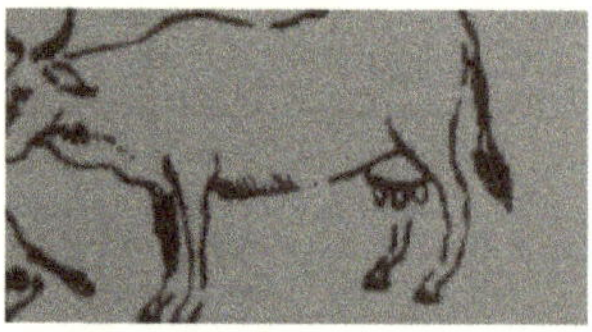

ƷSႸ
ᏜSᏤ ᏂᏓ ƷSႸ.

ՖϚ̈Ո
ᏜSᏤ ᏂᏓ ՖϚ̈Ո.

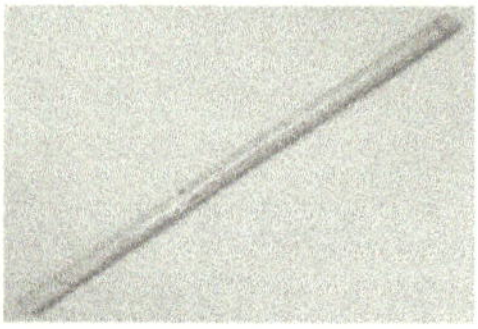

ᎴՈ
ᏨSᏤ ᏂᏓ ᎴՈ.

ᎴՖSՊ
ᏜSᏤ ᏂᏓ ᎴՖSՊ.

OÖՖ9
ᏜSᏤ ᏂᏓ OÖՖ9.

ϽƐƷ
ᏜSᏤ ᏂᏓ ϽƐƷ.

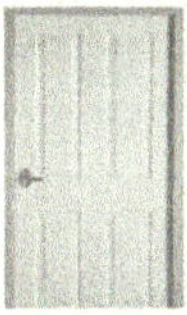

SՈᏠᏟᏠ
ᎯSᏇ ᏱᏟ SՈᏠᏟᏠ.

OᏰᏇ
ᏓSᏇ ᏱᏟ OᏰᏇ.

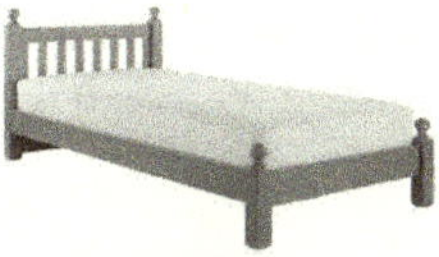

ᏈS7Ᏹ7
ᏓSᏇ ᏱᏟ
ᏈS7Ᏹ7.

ᎯᏁ7Ᏸ9
ᎯSᏇ ᏱᏟ ᎯᏁ7Ᏸ9.

ᏗÜՈ
ᎯSᏇ ᏱᏟ ᏗÜՈ.

ᏓS7SᏰ
ᎯSᏇ ᏱᏟ ᏓS7SᏰ.

S. **ՈSᏋՈ9** ᏳᏁᏓᏁᏠᎯS ՈSᏠᏟO

SᏦ79 Ᏸ ᏍᏂ7:

S. ᎯSᏇ ᏱᏟ ᏗᏁ79. ----------------------

Ᏹ. ᎯSᏇ ᏱᏟ ᎯᏁ7Ᏸ9. ---------------------

ƕ. ᎯSᏇ ᏱᏟ ᏓS7SᏰ. ---------------------

Ꮜ. ᎯSᏇ ᏱᏟ OᏬᏠ9. -----------------------

Ᏻ. ᏓSᏇ ᏱᏟ OᏰᏇ. ------------------------

Ч. ᏓSᏇ ᏱᏟ ᏈS7Ᏹ7. ------------------------

Ɔ. ᏓSᏇ ᏱᏟ ᏁՈ. ------------------------

C. ᎯSᏇ ᏱᏟ Ո9ᏠᏟᏲ. ----------------------

U. ᎯSᏇ ᏱᏟ ᏑᏋᏰ. ---------------------

ᏖᏧᏰᏣᏁᏓ

ᎯSƧ ᏏᏣ ᏑSᏁS8? ᏖSƧ ᏏᏣ ᏑSᏁS8?

Ꮑ9ᏩᏣᏁ

ᎯSƧ ᏏᏣ ᏑSᏁS8? ᎯSƧ ᏏᏣ Ꮑ9ᏩᏣᏁ.

ᎯSƧ Ꮑ9ᏩᏣᏁ Ꮡ98Ꮳ? ᏱᏣᏱ, ᎯSƧ ᏏᏣ Ꮑ9ᏩᏣᏁ.

ᏘÜO

ᎯSƧ ᏏᏣ ᏑSᏁS8? ᎯSƧ ᏏᏣ ᏘÜO.

ᎯSƧ ᏘᏧ79 Ꮡ98Ꮳ? ᏑS8, ᎯSƧ ᏏᏣ ᏘÜO.

ᎯᏖᏩ

ᎯSƧ ᎯᏖᏩ Ꮡ98Ꮳ? ᏱᏣᏱ, ᎯSƧ ᏏᏣ ᎯᏖᏩ.

ᏓᏧ7ᏏᏣ

ᎯSƧ ᏏᏣ ᏑSᏁS8? ᎯSƧ ᏏᏣ ᏓᏧ7ᏏᏣ.

ᏰᏧ7ᏏÜᏁ

ᎯSƧ ᏋᏣ7 Ꮡ98Ꮳ? ᏑS8, ᎯSƧ ᏏᏣ ᏰᏧ7ᏏÜᏁ.

ᏋᏣ7

ᎯSƧ ᏋᏣ7 Ꮡ98Ꮳ? ᏱᏣᏱ, ᎯSƧ ᏏᏣ ᏋᏣ7.

OᏖƧ

ᏖSƧ ᏰS787 Ꮡ98Ꮳ? ᏑS8, ᏖSƧ ᏏᏣ OᏖƧ.

Ɛ. ՈSƐՈ9

ӇSԶ ᏂϚ ɔSՈSƐ? ӇSԶ ᏂϚ ᏫSꭹ.

ӇSԶ ᏂϚ ɔSՈSƐ? ____________

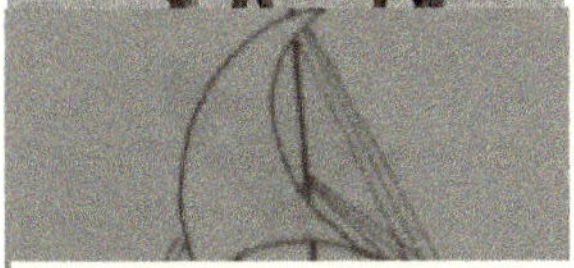

ᔐSԶ ᏂϚ ɔSՈSƐ?____________

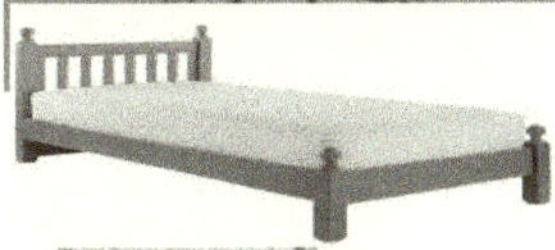

ᔐSԶ ᏂϚ ɔSՈSƐ? ____________

ӇSԶ ᏂϚ ɔSՈSƐ? ____________

ӇSԶ ᏂϚ ɔSՈSƐ? ____________

ӇSԶ ᏂϚ ɔSՈSƐ? ____________

h. ᏁSᏋᏁ9

ᎯSᏑ ᏯᏩᏯᏥ7 ᏭᏭᏋᏩ? ᏋᏩ, ᎯSᏑ ᏥᏩ ᏯᏩᏯᏥ7.

ᎯSᏑ ᏌSᏁ9Ꮡ ᏭᏭᏋᏩ? ____________

ᎯSᏑ ᏭᏋᏰ ᏭᏭᏋᏩ? ____________

ᎯSᏑ ᏯᏩ̈Ꮑ ᏭᏭᏋᏩ? ____________

ᎯSᏑ ᏰSᏯ ᏭᏭᏋᏩ? ____________

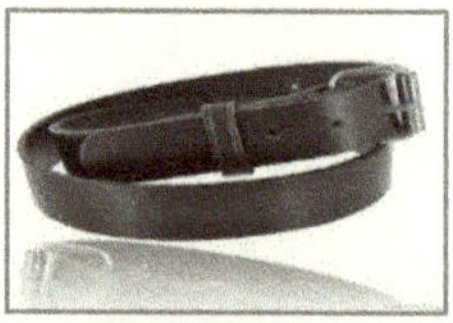

ᏄSᏑ ᏄᏭ7ᏄᏭᏁ ᏭᏭᏋᏩ? ____________

ᎯSᏑ ᏥᏩ ᏭSᏁSᏋ? ____________

ꞱS2 92I97 59ƐϚ 5S3L ꭗϚ ƴϚ7h? ______

ȞS2 ƨSƴ 59ƐϚ 5S3L ꭗϚ Oÿƴ9? ______

ꞱS2 79' 59ƐϚ 5S3L ꭗϚ ȟႶʁ9? ______

ȞS2 ʁĽ79 59ƐϚ 5S3L ꭗϚ ꞱS7S3? ______

ȞS2 7SꞱ9 59ƐϚ 5S3L ꭗϚ ʁĽ79? ______

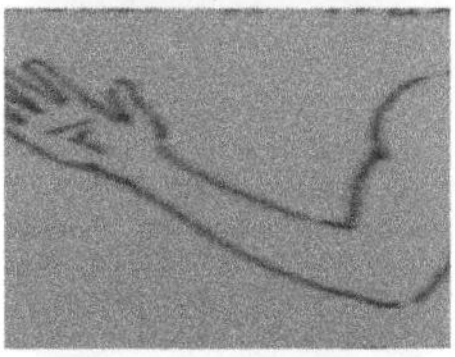

ꞱS2 ʁSƴS2 59ƐϚ 5S3L ꭗϚ ႶλʁꞱ? ______

ȞS2 ꭗϚ 5SႶSƐ? ______________

Ꮩ. ᏁᏚᏋᏁᏭ

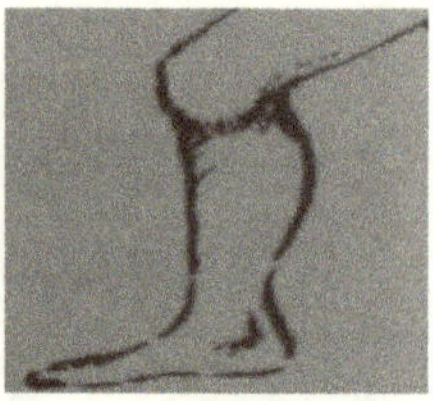

ᏍᏚᎢᎯᏚᏜ ᏌᏋ ᏁᏓᏄ

ᏥᏂᎢ ᏍᏚᏄᏚᏜᏋᏚᎾᏚ Ꮷ-ᎾᏚ ᏍᏚᏲᏚᏂᏭᎢ Ꮜ ᏋᏠᏲᏓ

Ꮪ. ᎯᏚᏃ ᏂᏍ ᏍᏚᏁᏚᏋ? ᎯᏚᏃ ᏂᏍ ______.
Ꮛ. ᎯᏚᏃ ᏂᏍ ᏍᏚᏁᏚᏋ? ᎯᏚᏃ ᏂᏍ ______.
Ꮒ. ᎯᏚᏃ ᏂᏍ ᏍᏚᏁᏚᏋ? ᎯᏚᏃ ᏂᏍ ______.
Ꮩ. ᎯᏚᏃ ᏂᏍ ᏍᏚᏁᏚᏋ? ᎯᏚᏃ ᏂᏍ ______.
Ᏹ. ᏎᏚᏃ ᏂᏍ ᏍᏚᏁᏚᏋ? ᏎᏚᏃ ᏂᏍ ______.
Ꮙ. ᏎᏚᏃ ᏂᏍ ᏍᏚᏁᏚᏋ? ᏎᏚᏃ ᏂᏍ ______.
Ꮷ. ᏎᏚᏃ ᏂᏍ ᏍᏚᏁᏚᏋ? ᏎᏚᏃ ᏂᏍ ______.

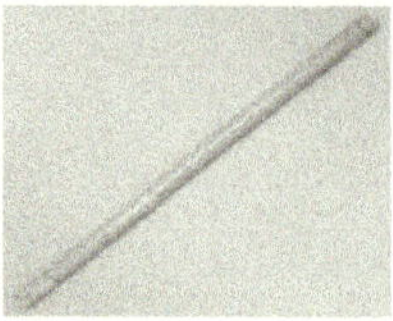
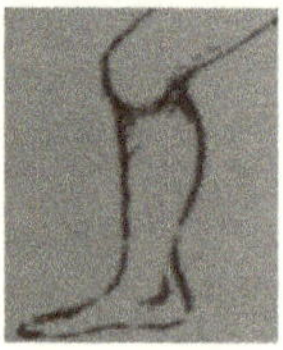

Ƹ. ՈSƐՈ9

ӔԽ ՖՃՈ9 ՆUՈSԸS ՖSԸԸԌԸ: ӔSԸ 9Ɛh ՉSԸ

S. ___ՃԌ ՋSՖSΊ. Ɛ. ___ՃԌ ՋԽΊ9. h.___ՃԌ ԶՁՆՖ9Ί.

Ȣ. ___ՃԌ Ո9OO9Ջ. Ƹ. ___ՃԌ ԸSՖSΊ. Ч.___ՃԌ ՆSƷԌI9O.

Ͻ. ___ՃԌ OÿՖ9. C. ___ՃԌ ՋÜO. U. ___ՃԌ ՋSՖSԸ.

SO. __ՃԌ ՈԽՋ. SS. ___ՃԌ ՂSΊSƷ. SƐ. ___ՃԌ ՆƐƷ.

Sh. __ՃԌ ՋÏ Ί9. SȢ.____ՃԌ ӜSՈ9Ը. SƸ.____ՃԌ ƷSΊƐΊ.

SЧ. __ՃԌ ƷSՖ. SϽ.____ՃԌ ԸԌՋ. SC. ___ՃԌ ԸSՃUԸ.

SU. __ՃԌ 9ԸI9Ί. ƐO.___ ՃԌ ΊSՉ9. ƐS. ____ՃԌ ՖԌΊh.

ƐƐ. __ՃԌ hΊՋ9. Ɛh.___ ՃԌ Ί9'. ƐȢ. ___ՃԌ ՉՁΊՉ9Ίƚ.

ՖSΊh ԼΊƚƐSOԌԸ

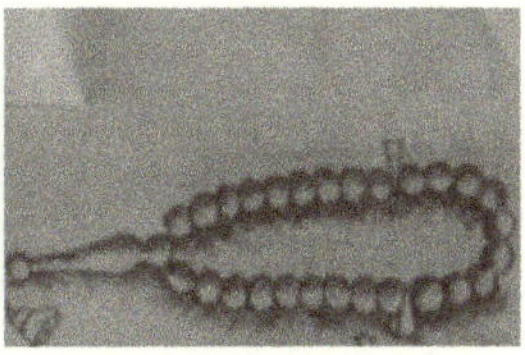

ՖSӜSՈ OѪՂԌΊ ՉԽƷՖSՈ

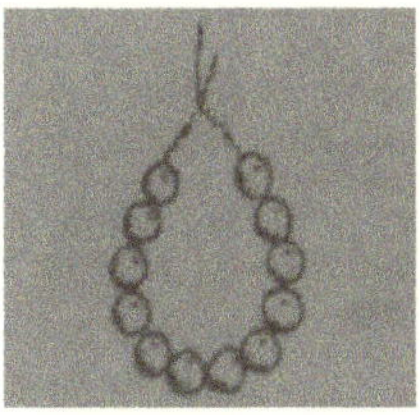
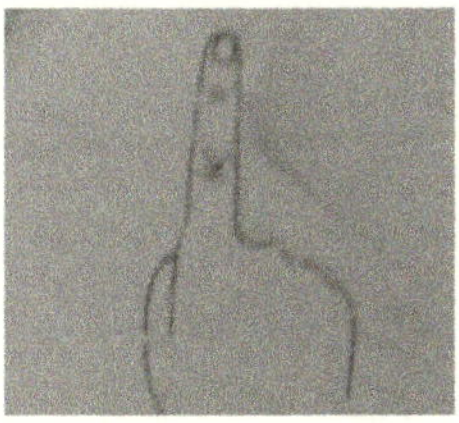
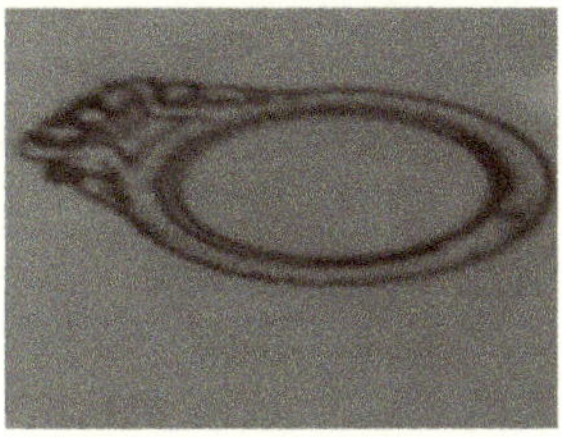

ӔՃՈ ՂSΊ ՂSΊՋSԶ9

Ꮞ. ᏁᏚᏋᏁᏊ

ᏯᏂᎸ ᏁᏚᏳᏊᏋᏂᏓᏂ̈ᏳᏚᏓ ᏑᏚᏘᏚᎩ Ꮉ ᏚᏁᏩᏳᏓᏚ ᏘᏗᎸᏊᏘᏚ ᏓᏩᏁ.

ᏃᏊᎾᏩᏓ Ꭿ ᏯᏂᎸ:

Ꮪ. ᏘᏚᏓ ᏍᏩ ᏘᏰᏳ
Ꮛ. ________
Ꮒ. ________
Ꮄ. ________
Ꮘ. ________
Ꮞ. ________
Ꭻ. ________
Ꮸ. ________
Ꮜ. ________
ᏚᏫ. ________
ᏚᏚ. ________
ᏚᏋ. ________

ᏯᏂᎸ ᏓᏂ̈ᏳᏚᏓ ᏑᏚᏘᏚᎩ Ꮉ ᏁᏚᏋᏚᏍᏩᏓ.

ᏃᏊᎾᏩᏓ Ꭿ ᏯᏂᎸ:

Ꮪ. ᏘᏚᏓ ᏍᏩ ᏎᏚᎸᏚᏃ
Ꮛ. ________
Ꮒ. ________
Ꮄ. ________
Ꮘ. ________
Ꮞ. ________
Ꭻ. ________
Ꮸ. ________
Ꮜ. ________
ᏚᏫ. ________

ƳՆՉՆƳӒS ƃSOOLՌϚO

ӒϚƃ 9Ƹh ՉϚƃ

ӒϚƃ ӾϚ ՋՆ79

ՉϚƃ ӾϚ Ƴƶ7ƃh

ƸϚ ӾՍƸԼ ՇՁՇӒϚƃ 9Ƹh ՇՁՇӒϚՇ?
ՇՁՇӒϚƃ ӾϚ ƽSƳSՈՈ9Շ

ՇՁՇӒϚՇ ӾϚ SƃӒS79.

ƸϚ ӾՍƸԼ ƸSӾՍՇՉϚƃ 9Ƹh ƸSӾՍՇՉϚՇ?

ƸSӾՍՇՉϚƃ ӾϚ ƽSƳSՈՈ9ƽSO

ƸSӾՍՇՉϚՇ ӾϚ ՉSƘՉS7SO

&Ç ƘUȣ?

&Ç ƘUȣL ꝹhᏓᏓÇƸ?
ꝹhᏓᏓÇƸ ƘÇ ᏧᎻᏋh.

&Ç ƘUȣL ꝹhᏓᎯÇƸ?
ꝹhᏓᎯÇƸ ƘÇ Ç̈ᏠᏰL.

&Ç ƘUȣL ꝹhᏓᏓÇƸ?

ꝹhᏓᏓÇƸ ƘÇ ꞦSᏠS7.

&Ç ƘUȣL ꝹhᏓᎯÇƸ?

ꝹhᏓᎯÇƸ ƘÇ ƘᏋᏁ.

&ÇƘᏰᏋL ꝹhᏓᏓÇƸ?

ꝹhᏓᏓÇƸ ƘÇ ᏧSᏠh7

&Ç ƘUȣL ꝹhᏓᎯÇƸ?

ꝹhᏓᎯÇƸ ƘÇ hOSᏋ.

ꞒᏍ ᏘᏌꞒᏓ ᏥᏂᏄᏗᏍᏑ? ᏥᏂᏄᏗᏍᏑ ᏘᏍ SᏁᏕᏓO.

ꞒᏍ ᏘᏌꞒᏓ ᏥᏂᏄᏉᏍᏑ? ᏥᏂᏄᏉᏍᏑ ᏘᏍ ᏑᏍᏋS.

ꞒᏍ ᏘᏌꞒᏓ ᏥᏂᏄᏗᏍᏰ? ᏥᏂᏄᏗᏍᏰ ᏘᏍ ᏑSᏁ9.

ꞒᏍ ᏘᏌꞒᏓ ᏥᏂᏄᏗᏍᏰ? ᏥᏂᏄᏗᏍᏰ ᏘᏍ Ꮝ̈ᏑᏑSᏋSꞒ.

ꞒᏍ ᏘᏌꞒᏓ ᏥᏂᏄᏉᏍᏰ? ᏥᏂᏄᏉᏍᏑ ᏘᏍ ᏋᎶꞒSOSꞒ.

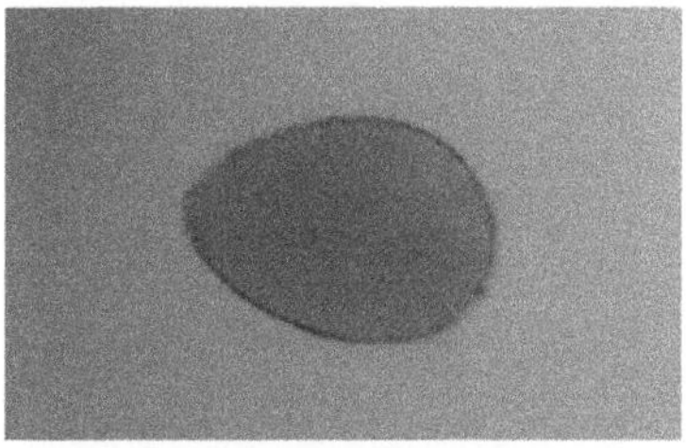

ᏉSᏑ ᏘᏍ ᏗᏗᏗᏑ

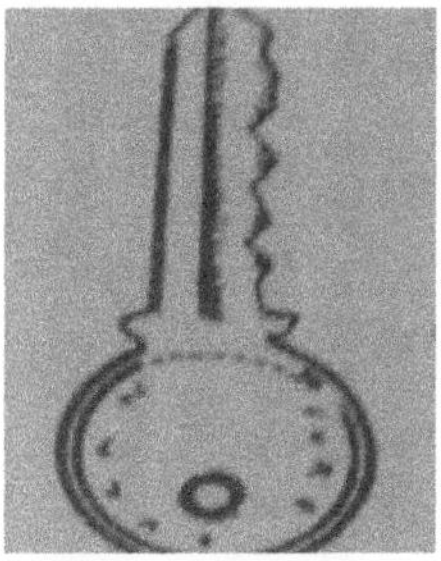

ᏗSᏑ ᏘᏍ ᏄᏗᎢᏓ

ᏗSᏑ ᏘᏍ ᏕS̈ᎢᎶO9

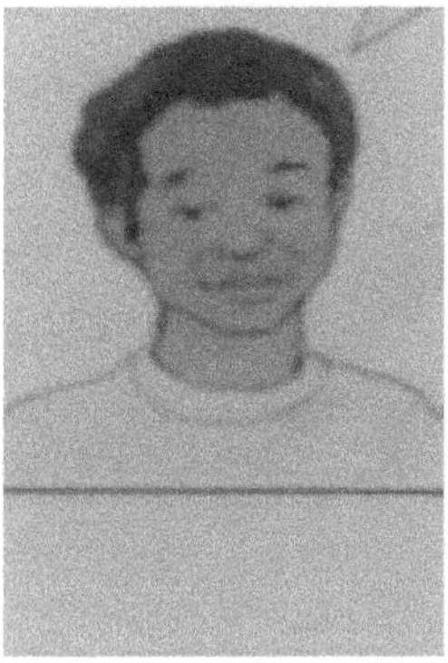

ꞒᏍ ᏘᏌꞒᏓ ᏥᏂᏄᏉᏍᏑ 9ꞒᏂ ᏥᏂᏄᏗᏍᏰ?

ᏥᏂᏄᏉᏍᏑ ᏘᏍ ᏋSᏘᏌᏑ ᏥᏂᏄᏗᏍᏰ ᏘᏍ Ꮡ9Ꮡ

S. <u>ՈSƐՈ9</u> ЯՂՂՂʒЯS ƨSOOLИϚO

ЯϚƨ/ՂϚƨ ЯSƧ/ՂSƧ

ԻϚ ƆSИSƐ ЯϚƨ? ЯϚƨ ԻϚ ÜƐ.

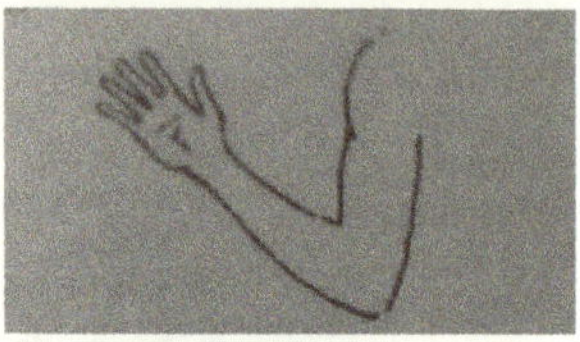

ԻϚ ƆSИSƐ

ՂϚƨ 9Ɛh

ՂSƧ?

ԻϚ ƆSИSƐ ЯϚƨ 9Ɛh ЯSƧ ?

ԻϚ ƆSИSƐ ՂϚƨ 9Ɛh ՂSƧ?______

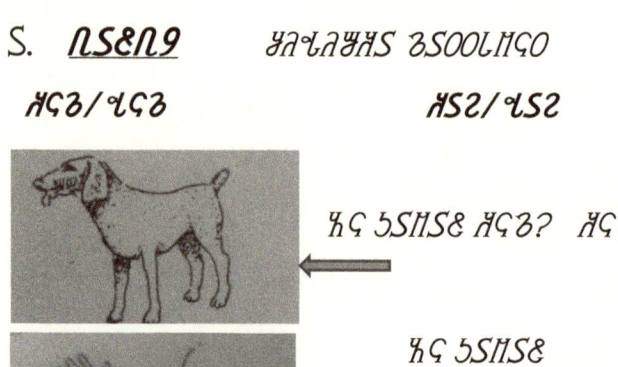

Ꮛ. **ᏁᏚᏋᏁᏚ** ᏚᏲᎢᏚ Ꮂ ᏜᏂᎢ

Ꮪ. ᎯᏣᏃ ᏂᏣ ᏌᏚᎷᏚᏋ? ᎯᏣᏃ ᏂᏣ ᎤᏫᏚ.

Ꮛ. ᏇᏣᏃ ᏲᏚᏯᏚᏃ ᏌᏚᏋᏣ? ᏌᏚᏋ, ᏇᏣᏃ ᏂᏣ ᏁᎭᏲ.

Ꮒ. ᎯᏣᏃ ᎤᏫᏚ ᏌᏚᏋᏣ? ᏌᏚᏋ, ᎯᏣᏃ ᏂᏣ ᏌᏚᎢᏰᎤᏚ.

Ꮽ. ᏇᏣᏃ ᎷᏚᎤᎤᏚᏲ ᏌᏚᏋᏣ? ᏌᏚᏋ, ᏇᏣᏃ ᏂᏣ ᏫᏚᏁ.

Ꮒ. ᏁᏚᏋᏁᏚ

ᎯᎭ ᏫᏂᎷᏚ ᏌᏌᏁᏚᏋᏚ ᏫᏚᏃᏃᏣᏃ ᎯᏣᏃ ᏚᏋᏂ ᏇᏣᏃ

Ꮪ. ___ ᏂᏣ ᎤᏰᏃ. Ꮛ. ___ ᏂᏣ ᏌᏚᎢᎯᏚᏫ. Ꮒ. ___ ᏂᏣ ᏏᏋᏁ.

Ꮽ. ___ ᏂᏣ ᏃᏚᏯ. Ꮛ. ___ ᏂᏣ ᏋᏚᏌᏫᏚᎢ. Ꮞ. ___ ᏂᏣ ᏫᏣᏫᏂᎢ.

Ꮷ. ___ ᏂᏣ ᎢᏚ'. Ꮯ. ___ ᏂᏣ ᏲᏞᎢᏚ. Ꮜ. ___ ᏂᏣ ᏌᏚᏃᏣᎥᏚᎤ.

ᏚᎤ. ___ ᏂᏣ ᏃᏚᎢᏋᎢ. ᏚᏚ. ___ ᏂᏣ ᏚᏃᎥᏚᎢ. ᏚᏋ. ___ ᏂᏣ ᏫᏣᏁ.

ᏚᏂ. ___ ᏂᏣ ᎢᏚᏋ. ᏚᏍ. ___ ᏂᏣ ᎯᏰᏫ. Ꮪ Ꮛ. ___ ᏂᏣ ᎭᏫᏚᎷ.

ᏚᏎ. ___ ᏂᏣ ᏫᏂᏲ. ᏚᏍ. ___ ᏂᏣ ᏇᏚᎢ. ᏚᏟ. ___ ᏂᏣ ᏫᏚᏯᏋᎤ

ᏚᏌ. ___ ᏂᏣ ᏋᏣᏃ. ᏋᎤ. ___ ᏂᏣ ᏂᎢᏲᏚ. ᏋᏚ. ___ ᏂᏣ ᏂᏚᎷᏚᎢ

ᏋᏋ. ___ ᏂᏣ ᎯᏰᏇᏚᏋᏚᎤ. ᏋᏂ. ___ ᏂᏣ ᏜᏂᎢᏚ ᏋᏍ. ___ ᏂᏣ ᏯᏌᏂᏃ.

ᏋᏋ. ___ ᏂᏣ ᏫᏚᏜᏚᏁ ᏋᏎ. ___ ᏂᏣ ᏇᏂᎢ. ᏋᏍ. ___ ᏂᏣ ᏇᏂᎢ.

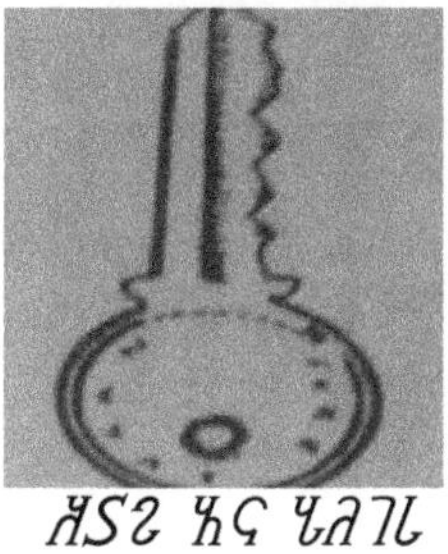

ᎯᏚᏃ ᏂᏣ ᏇᎭᎢᏓ

ᏇᏚᏃ ᏂᏣ ᏃᏣᏯᏚᎤ

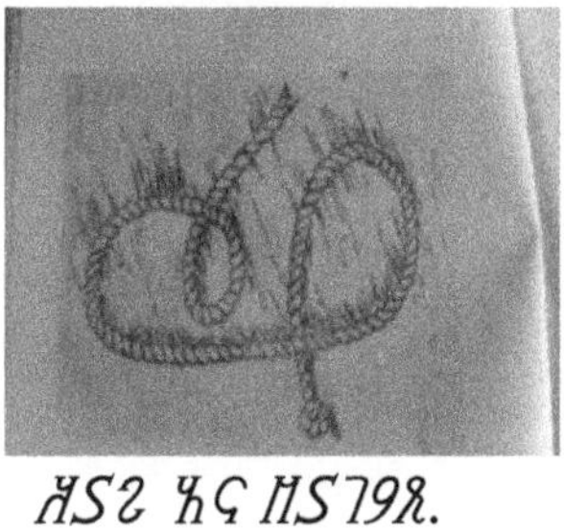

ᎯᏚᏃ ᏂᏣ ᎷᏚᎢᏚᏲ.

ᒐᒣᒪƐSOϚԸ ƴSᒣh

ՋSƴSԸ, ƴЋᒣᘔh, ɔSᒣЋO9, ՈՁՋ, ɔSƴSՈՈ9Ը, ᒣSƸ, ᒣSᘕ9, ƴ9Ո, ÜƐ, Ո9OO9Ջ, ƸSᕼՍԸ, ɔSᘔϚI9O, SᘔᕼSᒣ9, ᘕSƘᘕSᒣ, Ը9Ը, ՈՁՋ, ᒐƐՈ, ƴSᕼᘔ, ՈSᒣ9Ջ.

ᘕՁᘔϚՈᒐ ᕼϚᘔ 9Ɛh ᘕϚᘔ

ƴϚƐS: ᘕϚᘔ ᕼϚ ɔSՈSƐ?
ƸЋƐh: ᘕϚᘔ ᕼϚ OSԸƴƐՈ. ᕼSՈϚ ՈSՋՁ ᕼϚᘕϚ SՈϚƴᘕS.
ƴϚƐS: ᘕϚᘔ ᕼϚ ɔSՈSƐ?
ƸЋƐh: ᘕϚᘔ ᕼϚ ᒐƐՈ. ᕼSՈϚ ՈSՋՁ ƐՁƴᘕϚ ƴϚԸSƸS.
ƴϚƐS: ᕼϚᘔ ᕼϚ ɔSՈSƐ?
ƸЋƐh: ᕼϚᘔ ᕼϚ ƸSᒣᕼƴ. ᕼϚ OSƴЋՈᕼS
ᒐƐƐS.

ᘕSԸ ᕼϚ OSԸƴƐՈ.

ᘕSԸ ᕼϚ ᒐƐՈ.

ᕼSԸ ᕼϚ ƸSᒣᕼƴ

ᘕSԸ ᕼϚ ƸϚԸ.

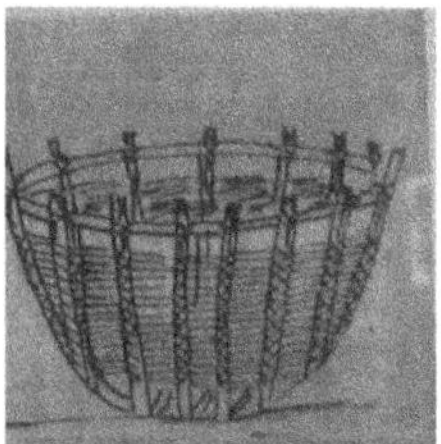

ᕼSԸ ᕼϚ ᘔϚƴ.

ᘕSԸ ᕼϚ ƸϚԸ.

ᏯᏘᏜᏘᏌᎲᏍ ᏚᏎᏚᏆᏟᎾ

ᎦᏟ ᏁᏓᏍ

ᏯᏟᏋᏍ: ᏍᎻᎦᏂ, ᎦᏟ ᏁᏓᏍ ᏜᏘᏆᏓᏍᏟᏃ?

ᏍᎻᎦᏂ: ᏱᏍᏛᏟ ᏁᏓᏍ ᏑᏄᏁᏓ.

ᏯᏟᏋᏍ: ᎦᏟ ᏁᏓᏍ ᏑᏱᏜᏜᏟᏃ?

ᏍᎻᎦᏂ: ᏱᏍᏛᏟ ᏁᏓᏍ ᏚᏛᏐᏓᎾ.

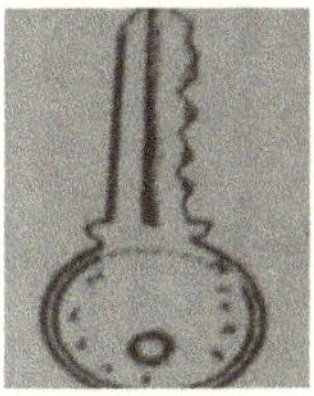

ᏜᏘᏴᏟᏁᏓ

ᎲᏍᏃ ᏱᏟ ᏑᏱᏜᏜᎦ ᏚᏛᏐᏓᎾ. ᎲᏟᏴ ᏱᏟ ᏜᏘᏆᏓᏍᎦ ᏑᏄᏁᏓ.

ᎲᏍᏃ ᏱᏟ ᏨᏍᏁᏄᏃ ᎲᏍᎦᏜᎦ. ᎲᏍᏃ ᏱᏟ ᏨᏍᏁᏄᏃ ᎲᏟᏜᎦ.

ᏜᏍᏃ ᏱᏟ ᏑᎻᏆᏴᏍᎾᎦ ᏍᎻᎦᏍᎾᏍᎦ. ᏜᏍᏃ ᏱᏟ ᏑᎻᏆᏴᏍᎾᎦ ᏯᏟᏋᏍ.

ᏐᎦᏴᎲᏟᏃ ᏍᎾᏄᏜᏍ ᏍᎦᏟ ᏁᏓᏍ. Ꮠ ᎦᏴᎲᏟᏃ ᏍᎻᎦᏍᎾᏍᎦ ᏍᎦᏟ ᏁᏓᏍ.

ᎦᏟ ᏁᏓᏍ ᏴᏟᏯᏍᎾᎾᏟᏃ?

ᏱᏍᏛᏟ ᏁᏓᏍ ᏜᏟᎾᎲᏐᏍ.

ᎦᏟ ᏁᏓᏍ ᏴᏟᏯᏍᎾᎾᏟᏃ?

ᏱᏍᏛᏟ ᏁᏓᏍ ᏴᏍᏍᏆᏍ.

ᎦᏟ ᏁᏓᏍ ᏑᏟᏑᏱ ᏆᎲᏟᏃ?
ᏱᏍᏛᏟ ᏁᏓᏍ ᏯᏍᏁᏄ.

ᎦᏟ ᏁᏓᏍ ᏑᏟᏑᏱ ᏆᎲᏟᏃ?

ᏱᏍᏛᏟ ᏁᏓᏍ ᏜᏟᎾᎲᏐᏍ.

S. ᏁSᏋᏁ9 ᏑᏘᏓᏘᏠᏘS SᏓSᎢᏩO

ᏴᏘ'ᏩᏁSᏋS ᏋᏜᏴ ᏘᏘ ᏦᏂᏚSᏕ ᏘS ISᏂᏩᏠ.

S. ᏋᏩ ᏁᏓᏋ ᏓᏘᏚᏓᏋᏩᏕ, SᏁᏕᏓO ᏕSᏴᏓ ᏠᏁᏓ?
Ɛ. ᏋᏩ ᏁᏓᏋ ᏴᏩᏑSOOᏩᏕ, ᏴSᏋᏚS ᏕSᏴᏓ ᏓᏩOᏘᏕS?
h. ᏋᏩ ᏁᏓᏋ ᏠᏩᏠᏂᎢ ᏘᏩᏴ?
Ꮻ. ᏋᏩ ᏁᏓᏋ ᏠᏂᏘᏘᏩᏕ?
Ᏹ. ᏋᏩ ᏁᏓᏋ ᏦSᏁ9ᏕᏘᏩᏕ?

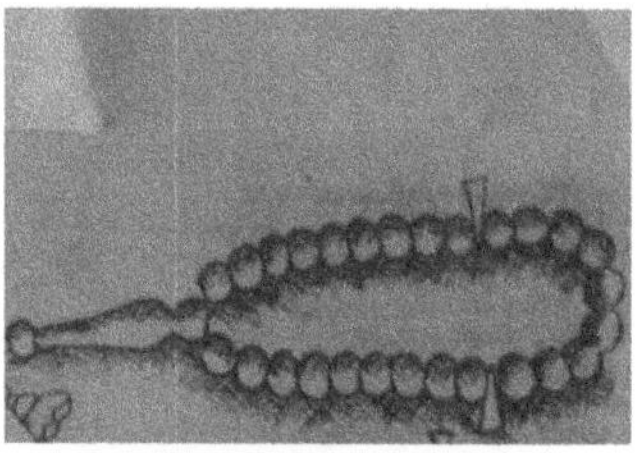

ᏓᏘᏴᏠSᏁ

ᏘSᏕ ᏂᏩ ᏕSᏁSᏋ?

ᏘSᏕ ᏂᏩ ᏓᏘᏴᏠSᏁ.

ᏋᏩ ᏁᏓᏋ ᏘSᏕ? ᏂSᏁᏩ ᏁᏓᏋ IᏩᏕSᏑ.

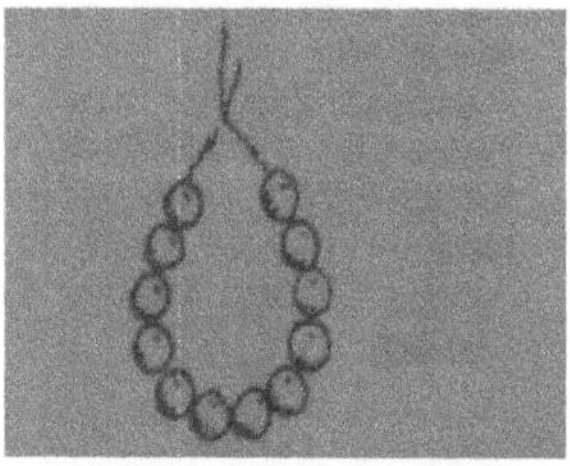

ᏘᏂᏁ

ᏓSᏕ ᏂᏩ ᏕSᏁSᏋ?

ᏓSᏕ ᏂᏩ ᏘᏂᏁ

ᏋᏩ ᏁᏓᏋ ᏓSᏕ? ᏂSᏁᏩ ᏁᏓᏋ ᏑᏩᏋS.

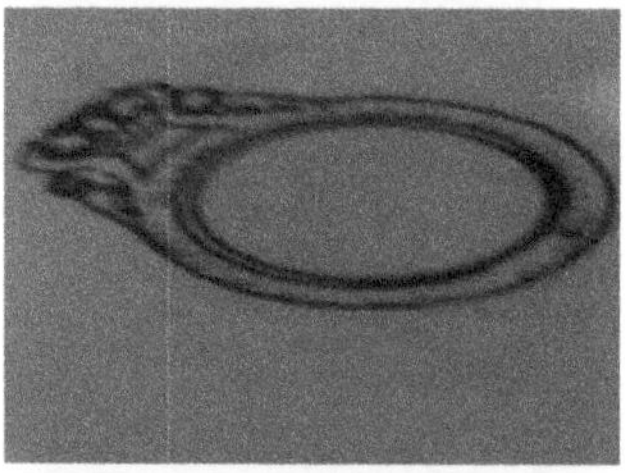

ᏓSᎢᏘSᏋ9

ᏘSᏕ ᏂᏩ ᏕSᏁSᏋ?

ᏘSᏕ ᏂᏩ ᏓSᎢᏘSᏋ9.
ᏋᏩ ᏁᏓᏋ ᏘSᏕ? ᏂSᏁᏩ ᏁᏓᏋ Ö09Ꮑ

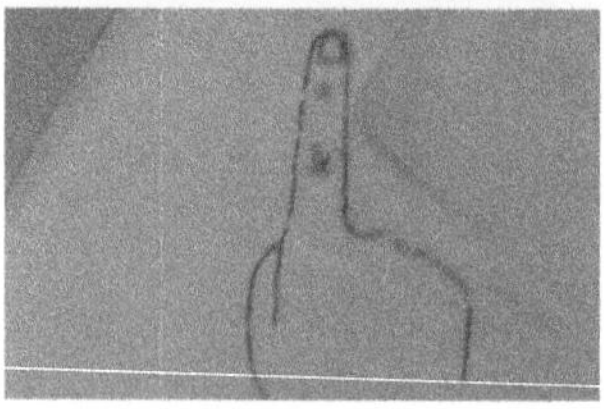

ᏓSᎢ

ᏓSᎢᏓᏩᏕ ᏕSᏘSᏑᏌO? ᏓSᎢᏓᏩᏕ ᏕSᏘSᏑᏌOᏘ ᏂᏩ ᏕᏘᎢᏘᏘᏴSᏓh.

ƳᏡᏉᏡƷƸS ᏋSᏋϚO

ƷhƐƃƸS

ƘϚՈ9OƸS ᏓSՈ/ƷS77Ƙ7

ŠƘñƘᏓ 9Ɛh SƐUƐh	**ƘϚՈ9O:** ϚƷƷᏓ: ϚƷSᏋSƐ ᏋñƐh: ᏋñƐSOSƐ
ϚƷƷᏓ 9Ɛh ᏋñƐh	**ƘSՈϚՈ:** ƘƐՈ: ƘSՈϚՈƸSƐ, ᏒSƷS7: ƘSՈϚᏋSƐ
SƷᏉ9	**ÖᏋS SƷᏉ9:** ᏒSƷS7: 9ᏋS SƷᏉ9OSƐ ƘƐՈ: ÖᏋS SƷᏉ9ᏒSƐ
ᏋSƷS7ƐS7	**9ᏋS ᏋSƷ7UO** ᏒSƷS7:9ᏋS ᏋSƷ7UOSƐ, ƘƐՈ: ÖᏋS ᏋSƷ7UOƸSƐ
SOU7	**9ᏋS SOU7:** ᏒSƷS7: 9ᏋS SOU7ᏉSƐ, ƘƐՈ: ÖᏋS SOU7ƸSƐ.
UOOh	**9ᏋS UOOh:** ᏒSƷS7: 9ᏋS UOOSOSƐ, ƘƐՈ: ÖᏋS UOOSᏋSƐ.

ħℰΠ 9ℰh ħϚΠ9OĂℰʓ

ħℰΠ: Ç̈ᏯᏯL, ħSΠϚΠh ƽS ΠUOSƨSℰ?

Ç̈ᏯᏯL: ƨϚƨ, ħSΠ̄Ϛ 9ΠS ьSℓSℰ SЧSᒣ ħℰΠ 9ℰh ℓSƻ ℛSᏯьmO.

ħℰΠ: ħSΠ̄Ϛƻ ΠUℰSƨSℰ SЧSᒣ SOUᒣ 9ℰh ℓSƻ UOOh.

Ç̈ᏯᏯL: ƨϚƨ, ħϚ ʓSΠ̄.

ħℰΠ: ƨmℰh, SO9ℛƏ ħSΠϚΠh ƽS ΠUOSƨSℰ?

ƨmℰh: ƨϚƨ, ħSΠ̄Ϛ 9ΠS ьSℓSℰ ΠSᏯh ħℰΠ 9ℰh ℛSჯSᒣ.

ħℰΠ: ħSΠ̄Ϛƻ ΠUℰSƨSℰ ΠSᏯh SᏯᏔ9 9ℰh ƨSΠ ƨSᏯSᒣℰSᒣ.

ƨmℰh: ƨϚƨ, ħϚ ʓϚʓ.

ჯϚℓS 9ℰh SΠ̄ƽLO

ჯϚℓS: ℰϚ ħUℰL ᎯhᏔĂϚƻ?
SΠ̄ƽLO: ᎯhᏔĂϚƻ ħϚ SᏯᏔ9ℛSℰ.

ჯϚℓS: ℰϚ ħUℰL ħℰΠĂϚƻ?
SΠ̄ƽLO: ħℰΠĂϚƻ ħϚ 9̈ƻS SᏯᏔ9ℛSℰ.

ჯϚℓS: ℰϚ ħUℰL ᎯhᏔĂϚƻ?
SΠ̄ƽLO: ᎯhᏔĂϚƻ ħϚ Ç̈ᏯSƨSℰ.

ჯϚℓS: ℰϚ ħUℰL ᎯhᏔᏔϚƻ?
SΠ̄ƽLO: ᎯhᏔᏔϚƻ ħϚ ƨmℰSOSℰ.

ᏲÜOO9 9Ꮛh ᏧSᏤᏠSᎢh

ᏲÜOO9: ᏋᏣ ᏍUᏋᏓ ᏤᏭᏤᎯᏣᏤ?
ᏧSᏤᏠSᎢh: ᏤᏭᏤᎯᏣᏤ ᏍᏣ ᏕS̈ᏋSO. ᏕS̈ᏋSO OᏗᎯᏣᏤ SᏋᏍ ᏁUᏋSᏋSᏋ.

ᏲÜOO9: ᏋᏣ ᏍUᏋᏓ ᏯhᏓᏓᏣᏴ?
ᏧSᏤᏠSᎢh: ᏯhᏓᏓᏣᏴ ᏍᏣ Ö9Ꮑ. ᏍᏣ ᏕSᏧSᏁᏁ9ᏕSO OᏗᏲᏴ9.

ᏲÜOO9: ᏋᏣ ᏍUᏋᏓ ᏤᏭᏤᎯᏣᏴ?
ᏧSᏤᏠSᎢh: ᏤᏭᏤᎯᏣᏴ ᏍᏣ ᏧᏋᏴᏓ ᏍᏣ ᏓSᏲᏓSᎢ.

ᏲÜOO9: ᏋᏣ ᏍUᏋᏓ ᏯhᏓᏓᏣᏤ?
ᏧSᏤᏠSᎢh: ᏯhᏓᏓᏣᏤ ᏍᏣ ᏁSᏕO9. OᏗᎯᏣᏤ SᏋSᏋ ᎯS ᏋSᏯSᏋᏴᏣ.

ᏲÜOO9: ᏋᏣ ᏍUᏋᏓ ᏤᏭᏤᎯᏣᏤ?
ᏧSᏤᏠSᎢh: ᏤᏭᏤᎯᏣᏤ ᏍᏣ SOU ᎢᎯSᏋ. ᏕSᏲSᏧᏋᏴᏗ ᏍᏣ ᏆᏣᏕSᏧ.

ᏓᎢᏓᏋSOᏣᏤ Ꮧ ᏓᏋᎢᏴh

ᏓᏓOO9Ᏺ

ᏲSᏠSᏓS: ᏕSᏲSᏧUOᏗ ᏍᏣ Ö9Ꮑ.
ᏋSᏍUᏤᏓS: ᏕSᏲSᏧUOᏗ ᏍᏣ ᏧSᏤᏠSᎢh.

ᏋSᏠSᎢᏓS: ᏕSᏲSᏧUOᏗ ᏍᏣ SᏁSOh

ᏁSᏠ
ᏍᏋᏁᎯS: ᏕSᏲSᏧᏋᏴᏗ ᏍᏣ SᏁᏕᏓO.
ᏤᏭᏤᎯS: ᏕSᏲSᏧᏋᏴᏗ ᏍᏣ ᏆᏣᏕSᏧ.
hOSᏋᏲS: ᏕSᏲSᏧᏋᏴᏗ ᏍᏣ ᏋᏍᏴᏗᏓ.

ᏤSᏓᏁUᏋOS ᎯSᏁᏓ
ᏓSᎢSᏴᎯS: ᏕSᏲSᏧᏋᏴᏗ ᏍᏣ ᎯᏛᏁᏓᏣᏤ.
ᏠSᏯSᏋS: ᏕSᏲSᏧUOᏗ ᏍᏣ ᏁS̈ᏕSᎢ.

S. <u>ႶSƐႶ9</u> ᏑᎯᏓᎯᏑᎯS ƐSƐGO

ᏰᎯ'GႶS&GƐ ᎯS ISᏂGᏑ.

S. ᏣᏂ7 5SᏒSᎩGᏒS? ... 5ᎯᏰᏓSᏓL.
Ɛ. ᏣᏂ7 5SᏒSᎩS ĈᏑᏑS&G?..........
h. ᏣᏂ7 5SᏒSᎩS ᏂSႶGႶᎯG? ......
Ꮙ. ᏣᏂ7 5SᏒSᎩS SᏑᏓ9ᏒG? ....
Ꮛ. ᏣᏂ7 5SᏒSᎩS UOOSOG? ....
Ч. ᏣᏂ7 5SᏒSᎩS SOU7ᎯG?.........
Ɔ. ᏣᏂ7 5SᏒSᎩS ᏂSႶGƐG? ....

Ɛ. <u>ႶSƐႶ9</u>
ᎯᎯ ᏑᏂM9 5UႶS&S ᏑSƧƧGƧ 5SᏒSᎩS 5SᏰSᏂ977SOGƧ ᏑᏂᏒᏒGƧ ᏂSMG ႶᏓ& ĈᏑᏑS&SƐ.

S. __________ᏂSMG ႶᏓ& &ᏰƐSOSƐ.

Ɛ. __________ᏂSMG ႶᏓ& ᏂSႶGႶᎯSƐ.

h. __________ ᏂSMG ႶᏓ& ᏂSႶGƐSƐ.

Ꮙ. __________ ᏂSMG ႶᏓ& UOSOSƐ.

Ꮛ. __________ ᏂSMG ႶᏓ& SᏑᏓ9ᏒSƐ.

Ч. __________ ᏂSMG ႶᏓ& ᏂSႶGƐSƐ.

Ɔ. ________ᏂSMG ႶᏓ& &SᏑS7ƐS7ᏓSƐ.

h. ՈSᏋՈ9

Ꮭ 7ᏝᏋSOϚᏃ ᎯᏗ ᏇℏᎷ9 ᏐUՈSᎬS ᏇSᏃᏃϚᏃ.
Ϛ̈ᏇᏇᏝ 9Ꮛℎ Ꭼm̈Ꮛℎ: ℏSՈϚՈᎯSᏋ, ℏSՈϚƐSᏋ,
SᏇᏪ9ᏒSᏋ: 9̈ᏃS SᏇᏪ9OᏒSᏋ, 9ᏃS SᏇᏪ9OSᏋ,
ᎬSᏇS7ᏋS7ᏪSᏋ: 9̈ᏃS ᎬSᏇ7UOᎯSᏋ, 9ᏃS ᎬSᏇ7UOOSᏋ,
SOÜ7ᎯSᏋ, 9̈ᏃS SOU7ᎯSᏋ, 9ᏃS SOU7ᏪSᏋ
ÜOSOSᏋ, 9̈ᏃS ÜOSᎬSᏋ, 9ᏃS ÜOSOSᏋ,

S. (ᏟᏝOO9Ꮢ) Ꭼm̈Ꮛℎ 9Ꮛℎ Ϛ̈ᏇᏇᏝ SᏋϚ ᏟSՈSᏋ ℏϚ <u>ℏSՈϚՈƐSᏋ</u>________ Ɛ. (ՈSᏇ) Ꭼm̈Ꮛℎ 9Ꮛℎ Ϛ̈ᏇᏇᏝ SᏋϚ ᏟSՈSᏋ ℏϚ________

h. (ՈSᏇ) SᏇᏪ9 SᏋϚ ᏟSՈSᏋ ℏϚ ________

Ɣ. (ՈSᏇ) SOU7 SᏋϚ ᏟSՈSᏋ ℏϚ ________

Ꮛ. (ᏟᏝOOSᏒ) SᏇᏪ9 SᏋϚ ᏟSՈSᏋ ℏϚ ________

Ч. (ՈSᏇ) UOOℎ SᏋϚ ᏟSƐSᏋ ℏϚ ________

Ͻ. (ᏟᏝOO9Ꮢ) SOU7 SᏋϚ ᏟSՈSᏋ ℏϚ ________

C. (ᏟᏝOO9Ꮢ) ᎬSᏇS7ᏋS7 SᏋϚ ᏟSƐSᏋ ℏϚ ________

U. (ᏟᏝOO9Ꮢ) UOOℎ SᏋϚ ᏟSƐSᏋ ℏϚ________

SO. (ՈSᏇ) ᎬSᏇS7ᏋS7 SᏋϚ ᏟSƐSᏋ ℏϚ ________

ყΛɰΛɰӐS ՈᏗՊϚO

ᏜhOhɰ

- ᏜhOhɰӐΛ ᏥϚ ᏜSᏋɰ ӐS Ƽ9O Sᏼ ᏼSOSՈӐS m̃ ᏒSOϚՈ ӐS ᒣϚყS ƼSᏒSყS
- ᏜhOhɰӐΛ ƼSᏒSყS SᏋᏥ ᏜÜՊϚ ΛᏡS ᏋÜՈϚ ᏓᏗ9ՈƼϚᏡ ყSO.
- ᏜhOhɰӐΛ ᏥΛՊᏥ ӐSՈS ʒϚᒣϚ ՈSɰ 9Ꮛh ᏓᏓOO9Ꮢ.
- ᏜhOhɰɰSOS SᏓ ʒm̈ƼϚՈ9ᏒΛ ᏥϚ ᏓhOOhყS ƼSᒣӐSᏋ ƼSᏒSყ ӐᏓՈ9 Sᏼ ՈS ʒhყOϚᏡ.
- SᏓSᒣ ᏥϚ ՈSɰ (ƼSᏒSყ ՈSɰ). ʒ9OS: **ӐS, ᏒS, ᏼS, S.**
- ʒSOOᏓՊ ᏥϚ ᏓᏓOO9Ꮢ (ƼSᏒSყ ᏓᏓOO9Ꮢ). ʒ9OS: **ᏓS, OS, ᏋS.**

Ꮣ ᒣᏓᏋ ӐSʒᏓS m̃ ᏜhOhɰ ᏜϚOSᏡ ӐSᒣS, ᏜhOhɰӐᏋʒS SᏋϚ ՈS ᒣϚყ9ᏋϚ. ᏥϚ ʒ9OϚᏡ: Oӱɰ9 (Oӱɰ9-ᏒS), ᏓSᒣSʒ (ᏓSᒣSʒ-ӐS), ᏓΛᒣᏓ (ᏓΛᒣᏓ-ᏼS), ʒSყ (ʒSყ-S), ʒSᒣᏋᒣ (ʒSᒣᏋᒣ-ᏓS), ყϚᒣh (ყϚᒣh-OS), ΛՈ (ΛՈ-ᏋS). 9ʒɰᏓOOᏓՈӐS ᏜhOhɰӐΛ ᏥΛՊᏥ ӐΛ Պ9ᒣSᏡ ᏋSᏼSᏋ ΛՈSIUOOSOS ᏼSOSՈӐS.

ᏓΛʒϚՈᏓ

ᏒΛᒣ9ᏒᏋ Ϛ̈ɰɰSᏼSᏋ (ՈS ᏋSᏜϚᏡ). ᏒΛᒣ9ᏒΛ ᏥϚ ᏥᏓᏋᏡ ᏋSᏼSᏋ (ᏓᏗ9ՈƼϚᏡ). ᏒΛᒣ9ᏒᏋ ᏼhᒣᏓ (ᏥSՊ ՈS ʒm̃ ᏓϚᏓSᏋ).

ᏥSՊϚᏡ Im̃ᏒϚ ᏒΛᒣ9ᏒᏋ Ϛ̈ɰɰSᏼSᏋ.

ᏥSՊϚᏡ Ϛ̈OSᏋ ᏒΛᒣ9ᏒᏋ Ϛ̈ɰɰSᏼSᏋ.

ᏒΛᒣ9ᏒΛ ᏥϚ ᏥᏓᏋᏡ ᏋSᏼSᏋ.

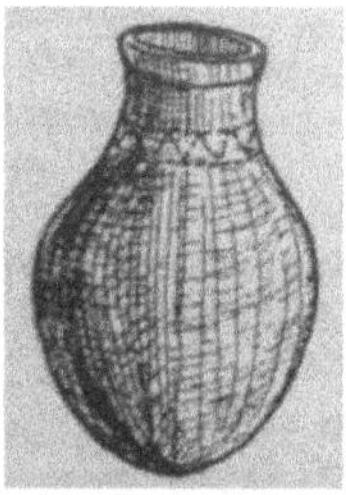

ӐSᏡ ᏥϚ Ϛ̈ᏋᏥᏡ

hC

ƏhOhƷ ᏁSƷ

S.	ЯᏗ79:	ЯᏗ79ЯS	ЯᏗ79ЯᏗ	ЯᏗ79ЯƐ
Ɛ.	OÿƷ9:	OÿƷ9ЯS	OÿƷ9ЯᏗ	OÿƷ9ЯƐ
h.	ÜƐ:	ÜƐЯS	ÜƐЯᏗ	ÜƐЯƐ
Ȣ.	ЯÏ79:	ЯÏ79ЯS	ЯÏ79ЯᏗ	ЯÏ79ЯƐ
Ɛ.	OᏋᏐᏣ7:	OᏋᏐᏣ7ᏗS	OᏋᏐᏣ7ᏗᏗ	OᏋᏐᏣ7ᏗƐ
Ч.	ᏝᏗ7ᏥᏣ:	ᏝᏗ7ᏥᏣЯS	ᏝᏗ7ᏥᏣЯᏗ	ᏝᏗ7ᏥᏣЯᏣЯƐ
Ɔ.	ᏐS7SᏋ:	ᏐS7SᏋᏗS	ᏐS7SᏋᏗᏗ	ᏐS7SᏋᏗƐ
C.	7SᏋ:	7SᏋS	7SᏋᏗ	7SᏋƐ
U.	ƨ9ƨ:	ƨ9ƨᏗS	ƨ9ƨᏗᏗ	ƨ9ƨᏗƐ
SO.	ЯÜO:	ЯÜOᏗS	ЯÜOᏗᏗ	ЯÜOᏗƐ
SS.	Ꮑ9ƷᏣᏁ:	Ꮑ9ƷᏣᏁS	Ꮑ9ƷᏣᏁᏗ	Ꮑ9ƷᏣᏁƐ
SƐ.	ᏋSƷ:	ᏋSƷS	ᏋSƷᏗ	ᏋSƷƐ
Sh.	ᏐᏗ7Ꮭ:	ᏐᏗ7ᏝᏋS	ᏐᏗ7ᏝᏋᏗ	ᏐᏗ7ᏝᏋƐ
SȢ.	O9ЯᏋ9:	O9ЯᏋ9ЯS	O9ЯᏋ9ЯᏗ	O9ЯᏋ9ЯƐ

ƏhOhƷ ᏝᏝOO9Я

S.	ᏋSᏥUƨ:	ᏋSᏥUƨᏐS	ᏋSᏥUƨᏐᏗ	ᏋSᏥUƨᏐƐ
Ɛ.	Ᏻ9ᏕƷ97:	Ᏻ9ᏕƷ97ᏐS	Ᏻ9ᏕƷ97ᏐᏗ	Ᏻ9ᏕƷ97ᏐƐ
h.	ᏐS7:	ᏐS7ᏐS	ᏐS7ᏐᏗ	ᏐS7ᏐƐ
Ȣ.	ᏁᏗЯ:	ᏁᏗЯᏐS	ᏁᏗЯᏐᏗ	ᏁᏗЯᏐƐ
Ɛ.	ᏋS7Ɛ7:	ᏋS7Ɛ7ᏐS	ᏋS7Ɛ7ᏐᏗ	ᏋS7Ɛ7ᏐƐ
Ч.	Ʒ9Ꮑ:	Ʒ9ᏁᏋS	Ʒ9ᏁᏋᏗ	Ʒ9ᏁᏋƐ
Ɔ.	9Ꮑ:	9ᏁᏋS	9ᏁᏋᏗ	9ᏁᏋƐ
C.	ᏗᏁ:	ᏗᏁᏋS	ᏗᏁᏋᏗ	ᏗᏁᏋƐ
U.	ƷᏣ7h:	ƷᏣ7hOS	ƷᏣ7hOᏗ	ƷᏣ7hOƐ
SO.	79':	79'OS	7 9'OᏗ	79'OƐ

ᏄᏗƃᏟᑎᏓ: ᎻᏂOᏂƷᏗS ᑎS ᏕᏟᏋᏋSᏕS

S. ƃS7Ɛ7ᏄƐ 5ᏗƃᏄSᏄᏓ.

Ɛ. ᏒᏗ7ᏭᏒƐ ÇƷƷᏓ

h. ƷᏂᏒᏒƐ SᑎᏓO.

ɣ. ƷSᎻSᏋƐ ƷᏟᏋS.

Ꞓ. ƷᏟƷᏂ7ᏗƐ ƷSᑎᏭ.

Ч. ᏄS7SƃᏗƐ ᑎSᑎƐ5S.

ᏄᏗƃᏟᑎᏓ: ᏄᏭᑎ5ᏟᏋᏄƐ 5SᏒSƷ ᑎS ƐSᎻᏟᏋ.

S. ᏒÜOᏗƐ ᏂᏓƐᏋᏟ.

Ɛ. ᏗᏗ7ƃᏭᏒƐ ᏒᏗOᏂOᏋᏟ.

h. ƷᏂᏒᏒƐ ƷSOOᏟ.

ɣ. ᏂƐᑎᏗƐ ƐS7Ꮯ.

Ꞓ. ᏋᏭᏋᏗƐ ᏒᏟƷᏋᏟ.

Ч. ᏕSᏂUᏋᏄƐ ᏓÜ7SƐO.

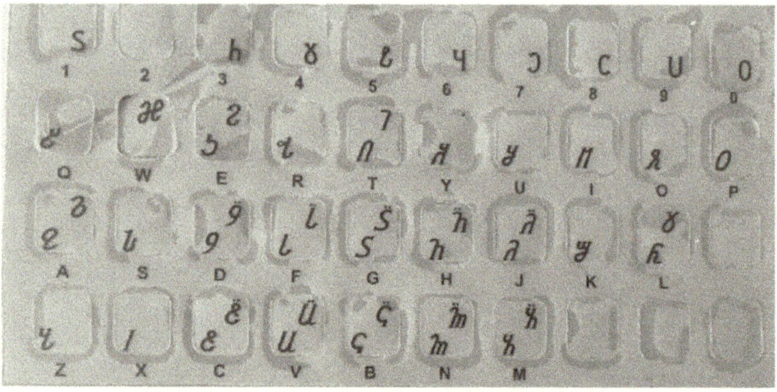

ᑎᏜᑎS ᑎᏗ7ᏂᏄᏄS SᏄ ƃᏜ5ᏟᑎᏭᏒS

ᏗSᏘSᏰS ᏭᏋᏂ ᏥᏂOᏂᏰᏥᏋᏴS

- ᏗSᏆᏥᏋ ᏗSᏘSᏰS ᏁSᏘᏗ OSᏆᏂ ᏥᏂOᏂᏰᏥᏋᏴS,
  ᏂᏗᏁᏂ ᏣᏂᏥᏂᏣSᏋᏣ ᏗSᏘSᏰ ᏁS ᏋSᏥᏣᏣ ᏗIᏌOᏥᏋᏴS.

- ᏂᏗᏁᏂ ᏣᏂᏥᏂᏣSᏋᏣ ᏗSᏘSᏰ ᏋᏭᏁᏗᏣᏣ ᏁSᏘS ᏰSᏁᏋSᏋ.

- ᏴᏭOᏲ ᏥSᏁᏓ ᏗSᏆᏥᏋ ᏗSᏘSᏰ ᏂᏓᏋOOᏋᏣᏋᏗ ᏥᏗ ᏣOSᏣ ᏋSᏋSᏋ

ᏗᏋᏴᏥS	ᏗᏋᏴᏥᏗ	ᏗᏋᏴᏥᏋ
ᏗᏋᏴᏥS ᏣSOᏋᏋᏭ.	ᏗᏋᏴᏥᏗ ᏂᏣ ᏰᏗᏁSᏋᏴ.	ᏗᏋᏴᏥᏋ ᏂᏣ ISᏰSᏋ.
ᏰᏂᏘᏘS SᏂᏆᏭ.	ᏰᏂᏘᏘᏗ ᏂᏣ OᏂᏘ.	ᏰᏂᏘᏘᏋ ᏂᏣ SᏂᏆᏭᏋᏓᏋ.
ᏰᏭᏋSᏋS ᏰSᏰ	ᏰᏭᏋᏗᏋᏗ ᏂᏣ ᏰSᏆSᏋ.	ᏗᏌᏋᏓ ᏰᏭᏋᏭᏋᏋ?
ᏘᏗᏆᏭᏘS ᏣO.	ᏘᏗᏆᏭᏘᏗ ᏂᏣ ᏥSᏰᏂᏂ.	ᏘᏗᏆᏭᏘᏋ ᏋᏲᏋᏂ.
ᏥSᏁᏭᏣᏥS ᏴᏋ.	ᏥSᏁᏭᏣᏥᏗ ᏂᏣ ᏗSOᏂᏂ	ᏥSᏁᏭᏣᏥᏋ ᏘSᏰSᏓS
ᏘÜOᏥS ᏋᏋᏆᏭ.	ᏘÜOᏥᏗ ᏂᏣ ᏰSᏘᏣᏆ.	ᏘÜOᏥᏋ ᏂᏣ ᏰSᏁSᏋ.
ᏣSᏁᏥS ᏋᏭO.	ᏣSᏁᏥᏗ ᏂᏣ ᏭᏋᏋᏋᏣ.	ᏣSᏁᏥᏋ ᏂᏓᏋᏣᏣ.
ᏋSᏋS ᏁᏭᏴ.	ᏋSᏋᏗ ᏂᏣ ᏗSOᏭ.	ᏋSᏋᏋ ᏣᏰᏰᏓ
ᏂᏋᏁᏥS ᏴᏌᏁᏭ	ᏂᏋᏁᏥᏗ ᏂᏣ SᏆOSᏋ.	ᏗᏌᏋᏓᏋ ᏂᏋᏁᏥᏋ?
ᏋᏣᏋS ᏥSᏆᏭ.	ᏴᏣᏋᏗ ᏂᏣ ᏥᏗᏁSᏋᏁ.	ᏋᏣᏋᏋ ᏗSᏰᏣᏣᏣ.
ᏥᏲᏰᏥS ᏥᏣO.	ᏥᏲᏰᏥᏗ ᏂᏣ ᏓSᏁᏂ.	ᏥᏲᏰᏥᏋ SᏋᏌᏋᏂ.

ϨUЯħПSƆƎƆ S.

ЭŠƆѪO9

П9ӁϚП

ƂSЯϚƆħ

ЭSЯSӁ ЯЖO	ПSӁ	ƄᏝOO9Я
ЭŠƆѪO9	ЭŠƆѪO9 *	ӜSПSƨΙħ
П9ӁϚП	ϚƆ	ЯѪП
ƂSЯϚƆħ	SŁѪƆ	ƂSЯϚƆħ

* = SƆӁᏝ: ЭŠƆѪO9ЯS ƆSПSƨŁS ƋħЯЯϚЭ9ƎS

ЖϚ SƎϚ ЭUП ЖSƆ Sƌ Ѫ Ӂ9Ǝħ ƎSƆ ЯЯ Ι9ƆϚƨ, ЖSПϚ 9ƂЯЯЯ Ǝ9Э9O ЭŠƆѪO9, ϚƆ 9Ǝħ SŁѪƆ.
ЭŠƆѪO9ЯƎ 9Ǝħ ϚƆЯƎ ЖSПSƎ ƂѪΙÜO9ƎUƨ, 9ƨ Ӂ9ƎSƌS ПS ӜSƎӁƂSOħ. SŁѪƆЯƎ ЖЯПЖ Ǝ9Ɔ9 “Ӂ9ƎSƌS ЯᏝП9ЯSƎ SƎϚ ӁSӁӁSƎS”.
ЭŠƆѪO9ЯƎ 9Ǝħ ϚƆӁƎ ЖSПSƎ Ǝ9ƆϚƌOUƨ “ПѪЯ ЭS П9ƌ9O U Ӂ9ƎSƌS ЖSП ЯS ӜSƎӁƂħ”. SŁѪƆЯƎ ЖϚ OƎOSƎ ŁSПSOƎ.

ЭŠƆѪO9ПƎ SƎϚ Ǝ9Ɔ9: “ЖϚO 9ŁϚП OSƆSƨ ŁSƌSƎ Ѫ ПѪЯ ЭS П9ƌ9O U Ӂ9ƎSƌS ЖSП ЯS ӜSƎӁƂħ”.
SŁѪƆЯƎ 9ƨŁS ПSƨϚӜSƎ SƎЖ ƄЯПЯS ЯÜƂ9ƌƎƂƎ ЯЯ Ӝħ0SƎ.
9ƨŁЖ ƄЯПЯS ПSƨϚӜ Я ӜħOSƎᏝƎ SƎϚ ЯÜƂ ЯS ΙSӁSƎ.
ЭŠƆѪO9ЯƎ 9Ǝħ ϚƆЯƎ 9ƨŁSƎ ӜħƂПUƨ SƎSƎ Ǝ9ƆϚƌOUƨ “ӁSӁ Ӂ9ƎSƌS ЯÜП9ПϚ.

𐓆. 𐓁𐓆𐒷𐓁𐓄 𐓓𐒰𐓇𐒰𐓓𐒰𐓆 𐓁𐓄𐓀𐒼𐓂

𐓒𐒷𐒹 𐓈 𐓂𐓆𐓂𐓆𐓓𐒷𐓆𐓂𐓆 𐒰𐒰 𐒻𐓄𐓈𐓆 𐓎𐒰𐒹𐓀𐓆𐓈𐒷𐓈𐓇𐒼 𐓂𐓆̈𐓈𐓀𐓂𐓄𐓂𐓆, 𐓆𐓇𐓀𐓈𐒰𐓆 𐓄𐒷𐒹 𐒼̈𐓈𐒰𐓆.

𐓍𐓄𐓂𐒼 𐒰 𐓒𐒷𐒹 𐓈 𐓂𐓆𐓂𐓆𐓓𐓆 𐓀 𐓒𐒷𐒹𐓂𐒹𐓓𐒰𐒰 𐓁𐓆 𐓍𐒹𐓓𐓂𐒹:

𐓂𐓆̈𐓈𐓀𐓂𐓄	𐓂𐓆̈𐓈𐓀𐓂𐓄𐓂𐓆	𐓂𐓆̈𐓈𐓀𐓂𐓄𐓂𐒰	𐓂𐓆̈𐓈𐓀𐓂𐓄𐓂𐒷

𐓂𐓆𐓂𐓆𐓓𐓆 𐓒𐒷𐓆𐓂𐒹𐓓𐒰𐓆 𐓀 𐓇𐓄𐓁𐓂𐒼 𐓓𐒹𐓀𐓂𐓆.

𐓇𐒰𐓍𐒼𐓁𐒿

𐒹𐒷𐓁𐒰𐒰 𐒹𐒼 𐒷𐓆𐓈 𐒷𐓆𐒷𐓆𐒷 — 𐓄𐒰𐒰 𐒹𐒼 𐓂𐒼𐓓𐓆 𐒷𐓆𐒷𐓆𐒷.

𐒷𐓆𐒹𐓎𐓇𐒰 𐒹𐒼 𐓍𐓀𐓂𐒼𐓁𐓄. — 𐓂𐓎̈𐓂𐒰𐒰 𐒹𐒼 𐒿𐓎̈𐓈 𐒷𐓆𐒷𐓆𐒷.

𐓓𐒹𐓂𐓂𐒰 𐒹𐒼 𐓆𐓇 𐓍𐓀𐓂𐒼𐓁𐓄. — 𐒰𐒰𐓈𐓍𐓄𐓂𐒰 𐒹𐒼 𐒻𐓆𐓓𐓆 𐒷𐓆𐒷𐓆𐒷.

𐓁𐓄𐓓𐒼𐓀𐒰 𐒹𐒼 𐒹𐓆𐓇𐓆𐓈. — 𐓋𐓆𐓈𐓆𐓍𐒰𐒰 𐒹𐒼 𐓓𐓆𐓂 𐒷𐓆𐒷𐓆𐒷.

Ɛ. ՈSᏋՈ9

ӐӘ OS7 ɔSጸSყS æᏂOᏂყӐᏋზS

ზ9OςƧ ә æᏂ7: ƄӒ7ኽς-ጸә ኽς ƙSጊSȷ.

S. Ƨ9Ƨ___ ኽς ኽÏᏋƧ ᏋSȣSᏋ.

Ɛ. Ӑә7ზ9___ ኽς ISყSƧ ᏋSȣSᏋ.

ɦ. ጸÏ79___ ኽς ƄÜ7 ᏋSȣSᏋ.

δ. æSՈ9Ƨ___ ኽς ɔSOᏂኽ.

ɛ. ყኽጸ___ ኽς Sጊ ზm̈ɔςՈ9.

ɦ. ՈSᏋՈ9

Sƙ79 Ꮮ 7ᏞᏋSOςƧ m̈ Ӑә OS7 æᏂOᏂყӐm̈OS

ზ9OςƧ: ɔSზςI9O-ӐS, ጸÏ79-ጸS, Sጊ9-ጸS

7Sȣ___	Ꮒ̈7ጸ9___	ზኽƧ___
ɔᏋზ___	Ӑә7ზ9___	ზS7Ꮛ7___
ጸÜO___	ყςყኽ7___	Ո9ყςП___
Ոәጸ___	ጸSყSƧ___	П9OO9ጸ___
ጸÜზ___	ԿS7Sზ___	әՈ___
æSՈ9Ƨ___	ყኽጸ___	Sጊm̈7___
ƄӘ7ኽς___	ጸÏ79___	O9̈ყ9___

Ꮄ. ᏁSᏋᏁ9

ᏕSᏃSꭓᏋSOᏳᏓ ᎯᏗ OSᎢ ᏩᏂOᏂꭓᎯᏫOS

ᏁSꭓ

ꭓᏳ̈Ꮑ:	ꭓᏳ̈Ꮑ-ᎯS	ꭓᏳ̈Ꮑ___	ꭓᏳ̈Ꮑ__.
ꭓᏳᏁ:	ꭓᏳᏁ-ᏋS	ꭓᏳᏋ__ᏋᏗ	ꭓᏳᏁ__
ᏂᏋᏁ:	ᏂᏋᏁ___	ᏂᏋᏁ___	ᏂᏋᏁ-ᎯᏋ.
ᏂSᏓ:	ᏂSᏓ__	ᏂSᏓ-ᎯᏗ	ᏂSᏓ___
Ü8:	Ü8-ᏃS	Ü8___	Ü8-Ꮓ8
ᏈSꭓ:	ᏈSꭓ-S	ᏈSꭓ-Ꮧ	ᏈSꭓ___
ᏋSᎢᏂꭓ:	ᏋSᎢᏂꭓ__	ᏋSᎢᏂꭓ-ᎯᏗ	ᏋSᎢᏂꭓ__
OᏳᏋ:	OᏳᏋ-S	OᏳᏋ___	OᏳᏋ-Ᏻ
ᏕᏋᏈ:	ᏕᏋᏈ-ᎯS	ᏕᏋᏈ____	ᏕᏋᏈ___
ꭓS̈ᏩSᏁ:	ꭓS̈ᏩSᏁ__	ꭓS̈ᏩSᎢ-ᎯᏗ	ꭓS̈ᏩSᏁ___
ᏩSᏁ9Ꮣ:	ᏩSᏁ9Ꮣ-ᎯS	ᏩSᏁ9Ꮣ___	ᏩSᏁ9Ꮣ___
O̤ᏫᏕᏳᎢ:	O̤ᏫᏕᏳᎢ-ᎯS	O̤ᏫᏕᏳᎢ___	O̤ᏫᏕᏳᎢ___

ᏡᏓOO9Ꮓ

ᏋSᏂᏌᏓ:	ᏋSᏂᏌᏓ___	ᏋSᏂᏌᏓᏋᏗ	ᏋSᏂᏌᏓ___
ꭓ9Ꮑ:	ꭓ9ᏁᏋS	ꭓ9Ꮑ____	ꭓ9Ꮑ____
ᏁᏗᏃ:	ᏁᏗᏃ____	ᎯᏗᏃᏋᏗ	ᏁᏗᏃ____
ᏕSᎢ:	ᏕSᎢᏋS	ᏕSᎢ___	ᏕSᎢᏋ8
ꭓSᏩSᏁ:	ꭓSᏩSᏁ____	ꭓSᏩSᏁᏋᏗ	ꭓSᏩSᏁ___
ᏗᏁ:	ᏗᏁ-ᏋS	ᏗᏁ___	ᏗᏁ___
ᏈSᎢᏋᎢ:	ᏈSᎢᏋᎢ____	ᏈSᎢᏋᎢᏋᏗ	ᏈSᎢᏋᎢ___

ᏓᎢᏞᏋᏂ ᏯᏂᏰᏂᏯ

ᎾᏣᏋ

ᏲᏚᎢᏑᏚᎾ

ᏲᏚᏑᏣᎢ

ᎾᏚᏯ

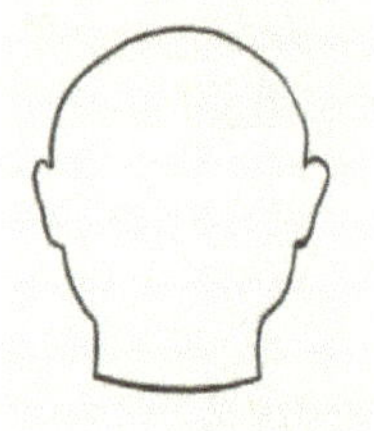

ᏑᏚᎾᏚᏁ

ᏑᏂᎢᎢᏚᏁ

ᏯᏚᎾ

ᏲᏓᏯ9

ᏁᏋᏤ

ᏓᎢᏞᏋᏂ ᏯᏂᏰᏂᏯ (ᏑᏂᎾᏯᏲᏚ ᏁᏚᏯ):
ᏘᏂᏃ, ᎾᏚᏯ, ᎾᏣᏋ, ᏑᏚᎾᏚᏁ, ᏲᏚᏑᏣᎢ,

(ᏑᏂᎾᏯᏲᏚ ᏓᏓᎾᎾ9Ᏻ):
ᏯᏚᎾ, Ꮿ9Ꮑ, ᏋᎤᏰ, ᏲᏚᏯ, ᏤᏣᏃ, ᏑᏂᎢᎢᏚᏁ, ᏁᏋᏤ. Ꮿ9Ꮑ, ᏲᏚᎢᏑᏚᎾ,

Ɛ. ႶSƐႶ9

ᏓႨᏓƐSOᏩꞫ ᎯᏘ OSႨ ᏥᏂOᏂᏜᎯᏰOS

ᏘᏓ Ⴈ9-ᏘS ႡƐႨ9. ᎯᏰᏜ___ ᏥᏩO. ƐᏩᏱ___ ᏜSᏜ.

ႡSႨSЗ___ ᏁᏓႨᏌ. ᏂƐႶ___ ЗᏌᏁ9 ᏜᏂᏘ___ SᏥႨ9

ꞫSႶ___ Ɛ9O. SႶᏜᏩᏜ___ Ꮑ9Ⴈ ᎯᏘႨЗ9___ ᏥᏩO.

ᏜᏩᏜᏂႨ___ ႡᏂႶ. ЗSᏜ___ Ⴖ9З ႨSᏩ9___ ႨSႨ

ᏓႨᏓƐSOᏩꞫ ᎯᏘ OSႨ ᏥᏂOᏂᏜᎯᏰOS

ᏭS̈ႨᏰO9-ᏘᏘ ᏂᏩ ᏂᏓƐꞫ ƐSᏱSƐ. ÜƐ___ ᏂᏩ ᏂᏩႨO9ƐᏓ

ᏘÜO___ ᏂᏩ ᏏᏌႨ ƐSᏱSƐ. ᏱSႨSᏭᏜSO___ ᏂᏩ ᏏᏌႨᏌƐᏩ

ᏂOSƐ___ ᏂᏩ OᏩႶSƐ. ᏭSᏜSႶႶ9Ɜ___ ᏂᏩ ЗᏰᏭᏩႶ9

ᏓႨᏓƐSOᏩꞫ ᎯᏘ OSႨ ᏥᏂOᏂᏜᎯᏰOS

ᏭᏌƐᏓƐ ᏭSᏜSႶႶ9Ɜ-ᎯƐ? ᏘᏘႨ9___ ᏂᏩ ᎯS ᏘᏂႨSƐ.

ᏭƐЗ___ SᏁᏭᏓO ЗSႨƐႨ___ ᏁSႶƐᏭS.

ᏘᏘႨ9___ ᏱᏰƐᏂ. ᏭᏌƐᏓƐ ᏂƐႶ___

ᏭS SᏥႨ9OSƐ ᏜᏂᏘ___ ᏂᏩ S̈ᏥႨ9ƐᏓƐ ᏜᏂᏘ___

ᏭS SႨSᏘᏩSƐ Ⴖ9ᏜᏩᏁ___ ᏂᏩ S̈ႨᎯSƐ Ⴖ9ᏜᏩᏁ___

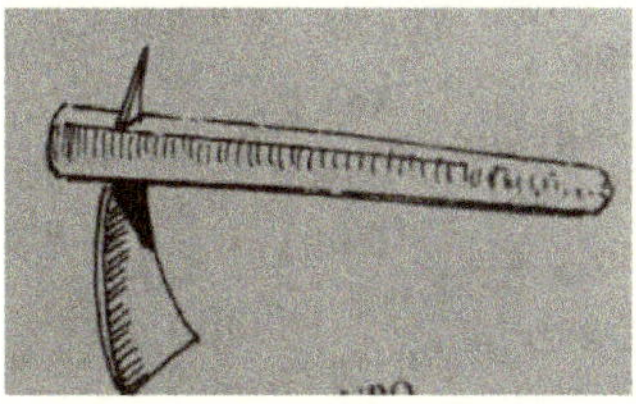

ƐᏩꞫᏜᏂ

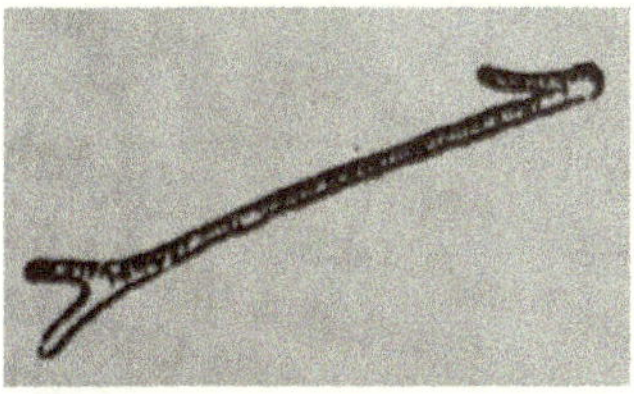

ᏱSꞫᏘᏰႶ

ЖЯ٩ᒐЯЖЯS ᒐhOOhЖϚO

ЯᏞՈ9	ЧSOSᒣ	ӜhOhЖ
ЯŤЖ	ЯŤЖSЖ	ЯŤЖSЖ-ЯS, -Ял, -ЯЄ.
Ƨ9Ƨ	Ƨ9ƆSƧ	Ƨ9ƧƆSƧ-ЯS, -Ял, -ЯЄ.
ЧЄՈ	ЧЄՈSՈ	ЧЄՈS-ƐS, -Ɛл, -ƐЄ.
ƸSЧUƧ	ƸSЧUƧ	ƸSЧUƧ-ЯS, Ял, ЯЄ.
ЧSᒣSЗ	ЧSᒣOh	ЧSᒣ-OSƸS, -OлƸл, -O9ƸЄ.
Ялᒣ9	ЯлᒣЄh	Ялᒣ-ЄSƸS, -ЄлƸл, -Є9ƸЄ
hOSЄ	hOSЄϚՈ	hOSЄ-ϚƐS, -ϚƐл, -ϚƐЄ.
ƸSЖSᒣ	ƸSЖᒣh	ƸSЖᒣ-SƸS, -лƸл, -9ƸЄ.
ЗSᒣЄᒣ	ЗSᒣЄᒣh	ЗSᒣЄᒣ-SƸS, -лƸл, -9ƸЄ.
ƆЄЗ	ƆЄЗSЗ	ƆЄЗSЗ-ЯS, -Ял, -ЯЄ.
ЗЧƧ	ЗЧƆSƧ	ЗЧƆSƧ-ЯS, -Ял, -ЯЄ.
ᒣSЯ	ᒣSЯ	ᒣSЯ-ЯS, -Ял, -ЯЄ.
ӜSՈ9Ƨ	ӜSՈ9Ɔh	ӜSՈ9ƆS-OS, -Oл, -OЄ.
OŤƧ	OŤƧЄh	OŤƧ-ЄSƸS, -ЄлƸл, -Є9ƸЄ.

ЖSՈSƧЖϚՈ9З.

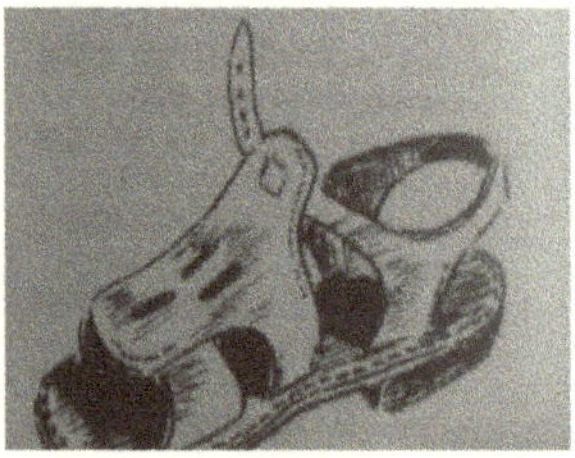

ЯSЖ

ꝡ9Th ɔSꞦSȝ ÄS ꝺhTTSƐƃS

9Ɛh ǯhOhʤ

ꝺSOOƐ ꝡ9Th ɔSꞦSȝS ÄS ꝺhTTSƐƃh, ꝡ9TSOS SƐϛ ǯhOhʤÄS ǯϛOSƨSƐƃS, ƃ9Oϛƨ:

nSʤh SnʤϛB, nSʤSOS SnʤϛB, nSʤSOƐ SnʤϛB,
ƃSOOɩM SnʤϛB, ƃSOOɩMOS SnʤϛB. ƃSOOɩMOƐ SnʤϛB,

SꝡST SnʤϛB, SꝡSTꝡS SnʤϛB, SꝡSTꝡƐ SnʤϛB,
ƐSƨ n9ʤϛM, ƐSƨꝡS n9ʤϛM, ƐSƨꝡƐ n9ʤϛM,

(ꝺ ꝡƐTƃh ꝺSOOƐ ϛO ꝡ9Th ƐUꞦꝡSƐ ǯhOhʤÄS ƐSOOɩMϛO U "ꝺ" ɔUƐS ꝁϛ ÄS ʤSMSƐ)

> ꝺ ꝡƐTƃh: ǯhOhʤÄꝺ ꝁꝺMꝁ TϛȝSƐ ꝡ9TSOS, ƃ9Oϛƃ OSTꝡUO SƐϛ ǯhOhʤÄꝺ ꝺ Tϛȝ9ƨ ɔSꞦSȝS ꝡ9TSOS ÄS OSƨʤUƐS.

ȝϛƐS 9Ɛh SMɔƐO

ȝϛƐS: ꞦꝺT9Ꞧꝺ nSʤh SnʤϛB SƐꝁ nUƐSꝺSƐ.
SMɔɩO: ꝺϛꝺ, ꝁϛ ꞦꝺT9 ꝡƐȝSƨ.

ȝϛƐS: ɔUƐɩ nSʤSOƐ ꞦSʤb̈mO?
SMɔɩO: ꝁSMSƐ Tϛ̈ȝUƨ nSʤSOƐ ꝁƐn.
ȝϛƐS: ɔUƐɩƐ hOSƐꞦƐ?
SMɔɩO: ꝁꝺMꝁ Tϛ̈ȝSƐ ƃSOOɩMOƐ ƨ9ƨ.

ȝϛƐS: ꝺϛꝺ, MSꞦꞦU ϛ̈OUƨ SꝡSTꝡS ƨ9ƨ?
SMɔɩO: ꝁSMSƐ ϛ̈OUƨ ɔSꞦϛnSOS.
ȝϛƐS: ꝺϛꝺ, ꝁϛ ꞦSTꝡSƐ. 9̈ƨƨSꞦꝺ MSꞦꞦU ϛOSƐƨϛ?
SMɔɩO: ꝁSMϛƨ ϛOSƐƨϛ nSʤh ɔUnmO.

ȝϛƐS: MSꞦꞦU?
SMɔɩO: ɔSꞰϛƐSOOƐ 9Ɛh OꝺÄϛƨÄƐ.
ȝϛƐS: ꝁϛ ꝁSM ꝁSƨϛꞦƃSƨ. 9ƨSÄUƨ.

ᏇᏗᏰᏕᏁᏓ: ᎯᏗᎯᏕᏑ ᏭᏋh ᎯᏗᏘᏕᏰ

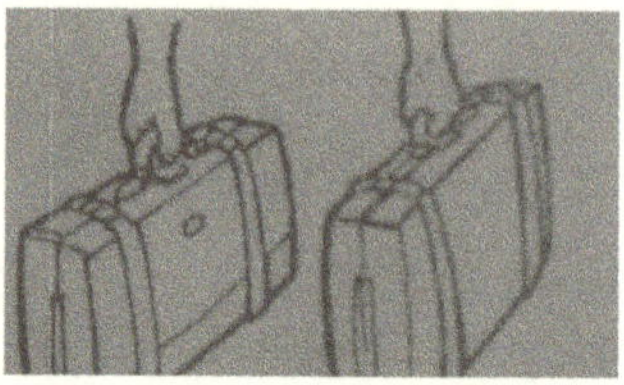

ᎯᏗᏘᏕᏑ ᏘᏕ ᏠᏲᒣᏰᏲᏋᏭᏑ, ᎯᏗᏘᏕᏰ ᏘᏕ ᏠᏘᏲSᏲ

ᎯᏗᏘᏕᏑ ᏘᏕ ᏇᏗᏇᏕᏁ. ᎯᏗᏘᏕᏰ ᏘᏕ ᏋᏭᏓᏠᏭᒣh

ᎯᏗᏘᏕᏑ ᏘᏕ ᏁSᏠh ᏎSᒣSᏰ. ᎯᏗᏘᏕᏰ ᏘᏕ ᏰSOOᏓᏁ ᏑᏭᏑ.

ᎯᏗᏘᏕᏑ ᏘᏕ ᏁSᏠh ᏁᏭᏠᏕᏁ. ᎯᏗᏘᏕᏰ ᏘᏕ ᏁSᏠh ᏓᏗᒣᏘᏕ.

ᎯᏗᏘᏕᏑ ᏘᏕ ᏓSᏁSᏋ? ᎯᏗᏘᏕᏰ ᏘᏕ ᏓSᏁSᏋ?

ᎯᏗᏘᏕᏑ ᏘᏕ ᏁSᏠh ᏰSᒣᏋᒣ. ᎯᏗᏘᏕᏰ ᏘᏕ ᏁSᏠh ᏲᏗᒣᏭ.

ƐUΆh ΠSΊƐΊh Ɛ.

ƸƐ9Ƹ 9Ɛh ƸΛƷΆƐЪ

ЋSΠϚ ЋSOS ΆΛΠϽSƐ ƸƐ9Ƹ, OËƸ, OSƷSϞϚЯ, O9ƷӜSΠΠЖƷ, ΊSƸ, ƷϚΊh 9Ɛh ƐƸ9Π9Ƹ.

ΆϚЪ ЋϚ ƸƐ9Ƹ

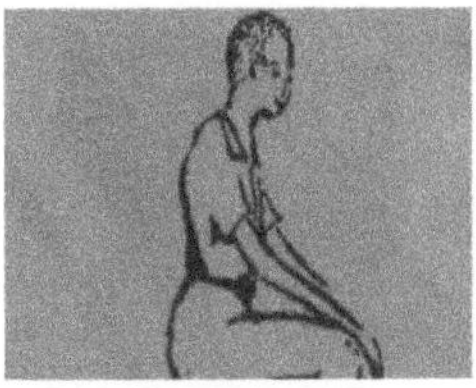

ӜSΠSƷ ΆSƐЯϚƸ ƔЪΆΛ 9ΠϚΠ9ƐϚ

ƷϚΊh.

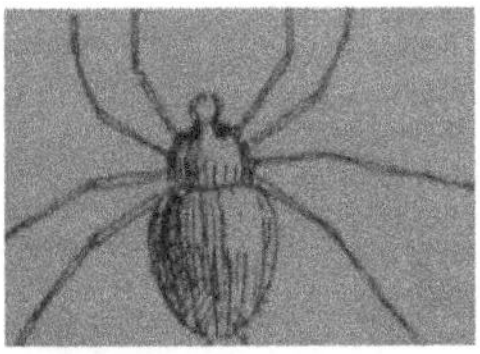

SӜSΠ ΆSƐЯS ϚƸ 9Ί9OOS Λ Π9ΊϞϚ

OËƸ

ӜhΠhϞ ϚƸ ΠUƐSƸSƐ ƷϚ ƸЖЪϞS ΆS ЯSΠϚ

ϞϚЪ ЋϚ OSƷSϞϚЯ

SƸ9ЯΛ ЋϚ hΊOϚ Ж ΠS 9 ϽS ЯϚΊh

ΆϚЪ ЋϚ ΊSƸ

SƸ9ЯΛ ƷƔƐSƸS SƐϚ ΆΛ ЬЖƸϞϚ

ЋϚ O9ƷӜSΠΠЖƷ

ЋSΠϚƸ ΠUƐSƸSƐ 9ΊƷSO 9Ɛh ЋϚƷϚƐh

ϞϚЪ ЋϚ ƐƸ9Π9Ƹ

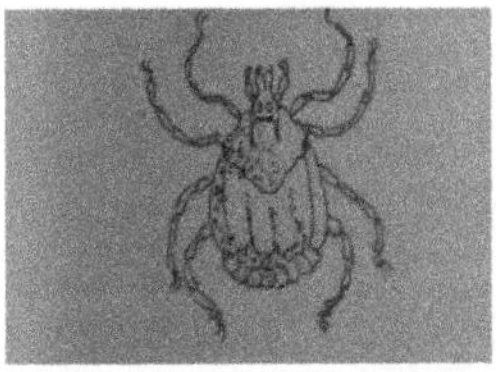

SƸ9ЯS SƐϚ ЬSϽϽϚƸϞƐƸ ƔO9ƸΆS ΆS ϞƐƷSƸ
SƸ9ЯΛ ЋϚ 9Ъ ƷSЯϞƐƐϚ, ΆhΠΆϚЪ ƷϚ ΠS 9ЯS ϞSЯϚ.

Ꮥ. ᏣᎩᏣᎯᎪ ᎯᏍᏁᏍᏌ ᏍᏋᏂ ᏃᏍᏓᏍᏋᏃᏩᏍ.
Ꮛ. ᏌᏍᏗᏍᏫᏗ ᏘᏗᏗᎩ ᏍᏋᏍᏋ ᏏᎩᏃᏍᏩᏍ.

Ꮒ. ᏫᏋᏣᎯᎪ ᎯᏂᏁᏂᏓ ᏍᏋᏂ ᏁᏌᏋᏍᏋᏍᏋ.
Ꮩ. ᏫᏍᏌᏍᏩᏍᏘᏩᏗ ᏂᏍ ᏏᏌᏗᏍᏋᏃᏍ.

Ꮛ. ᏫᎩᏌᎯᏍᏁᏁᏆᏌᏗ ᏂᏗᏁᏂ ᏁᏌᏋᏍᏋᏍᏋ ᎩᏗᏌᏍᏘ ᏂᏍᏌᏍᏋᏂ ᏍᏋ.
Ꮞ. ᏗᏍᏋᏗ ᏌᎩᏋᏍᏋᏍ ᏍᏋᏂ ᏏᏝᏁ ᏘᏍᏁᏍ.
Ꮳ. ᏋᎩᏁᎩᏣᏩᏗ ᏂᏍ ᎩᏃ ᏌᏍᏦᏩᏋᏃᏍ.

ᎯᏝᏁᎩ	ᏂᏍᏫᏍᏗ
ᏣᎩᏣ	ᏣᎩᏓᏍᏣ
ᏌᏍᏗᏂ	ᏌᏍᏗᏆᏋᎩᏣ
ᏫᏋᏣ	ᏫᏋᏓᏍᏣ
ᏫᏍᏌᏍᏩᏍᏘ	ᏫᏍᏌᏍᏩᏍᏘᏋᏂ
ᏫᎩᏌᎯᏍᏁᏁᏆᏌ	ᏫᎩᏌᎯᏍᏁᏁᏆᏌᏋᏂ
ᏗᏍᏋ	ᏗᏍᏋᏂ
ᏋᎩᏁᎩᏣ	ᏋᎩᏁᎩᏣ

ᏋᎩᏁᎩᏣ: ᏝᏍᏋᏍᏗᏍᏫ ᏏᏋᏘᏘᏍ ᏣᏂᏘᏍ, ᏌᏍᏁᏍᏁ ᏓᏍ ᏁᏍᏋᏍ
ᏋᎩᏁᎩᏣ: ᏁᏍᏌᏍᏘ, ᏋᎩᏁᎩᏣ ᏃᏆᏓᏍᏁᎩ

ᏋᏋᏫᏓᏌᏗ

ᏝᏗᏋᏘᏍ ᏋᏋᏋ:

ᏣᏆᏌ ᎯᏍ ᏓᎩᏫ ᏍᏋ

ᎩᏣᏏᏍᏝᏍᏣᏂᏣᎯᏍ

ᏋᏋᏋ

𐓆. 𐓁𐓆𐒷𐓁𐒼 𐓏𐒻𐓇𐒻𐓍𐒰𐓆 𐓇𐒹𐓂𐓂𐒹𐓍𐓅𐓂

𐒰𐒻 𐓓𐒹 𐓈 𐓐𐓆𐒺𐓆𐓏𐒷𐓆𐓂𐓅𐓒 𐓓𐒹𐓂𐒹𐓍𐒰𐓀𐓂𐓆 𐒺𐓆𐓂𐓆𐓈𐓇𐓆

𐓇𐒻𐓄𐓅𐓁𐒿: 𐒰𐒻𐓈𐓄𐒼 𐒰𐒻𐓈𐓅𐓄 𐒰𐒻𐓈𐓅𐓄𐓇𐓆 𐒰𐒻𐓈𐓅𐓄𐓇𐒻 𐒰𐒻𐓈𐓅𐓄𐓇𐒷

𐒰𐒿𐓁𐒼	𐒺𐓆𐓂𐓆𐓈	𐓓𐒹𐓂𐒹𐓍		
𐒰𐒻𐓈𐓄𐒼	𐒰𐒻𐓈𐓅𐓄	𐒰𐒻𐓈𐓅𐓄𐓇𐓆	𐒰𐒻𐓈𐓅𐓄𐓇𐒻	𐒰𐒻𐓈𐓅𐓄𐓇𐒷
𐒰𐓀𐓍	______	______	______	______
𐓍𐓅𐓈𐒹	______	______	______	______
𐒺𐒿̈𐓈𐒼	______	______	______	______
𐓇𐓆𐓈𐓆𐓄	______	______	______	______
𐓁𐒻𐒺	______	______	______	______
𐓇𐓆𐓈	______	______	______	______
𐓍𐓀𐓈𐓄𐒹	______	______	______	______
𐓄𐓆𐓈𐒷𐓈	______	______	______	______
𐒺𐒻𐓈𐒼	______	______	______	______

Ɛ. ՌSƐՌ9

ƎhƬ ƷSՋϚՌ ϽSՋSƷ ƸSՎՌUƐ

ՃԼՌ9	ՀSOST
S. Ռ9ƷϚՌ	Ռ9ƷϚՌƐh
Ɛ. ______	______
h. ______	______
Ȣ. ______	______
Ɛ. ______	______
Ч. ______	______
Ↄ. ______	______
C. ______	______
U. ______	______

OSƷSՋϚՌՌԼ

ƷSՋϚTh

h. ՌSƐՌ9 ƎhƬ ƸSƸ ϽSՋSƷ

ՀSOST		ƎhOhƷ	
Ռ9ƷϚՌƐh	Ռ9ƷϚՌƐSOS	Ռ9ƷϚՌƐSOՂ	Ռ9ƷϚՌƐSOƐ
______	______	______	______
______	______	______	______
______	______	______	______
______	______	______	______
______	______	______	______

Ȣ. **ΠSƐΠ9** ᏕħΊ ᏓĦᎯSƧ SΠϚᎯħ ϽSᏛSᏳЋO

ᏗᏓΠ9	ᏂSOS7
S. ______	______
Ɛ. ______	______
h. ______	______
Ȣ. ______	______
Ƹ. ______	______
Ч. ______	______
Ͻ. ______	______
C. ______	______
U. ______	______
SO. ______	______

ᎯS7ħ ϽSᏛSᏳƐSOϚƧ

ᏓSƐƧĦƷ

OSΠΠSO

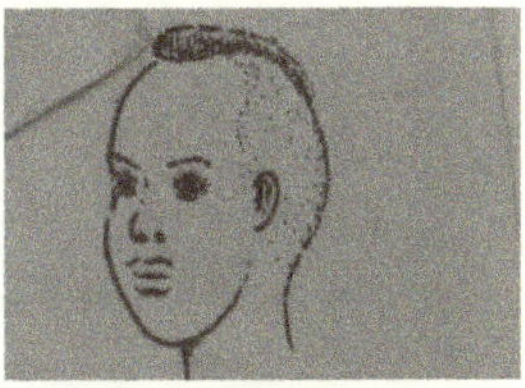

ĦƐΠ ᏓЋ7 ΠᏓᏊ

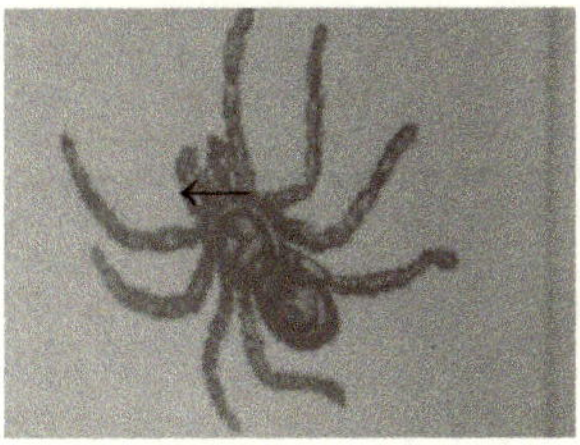

ĦS7ΠᏗƧᏛU

OSᎯᏕϚO

ΠSᎯĦᏗᏗ7ᏗƷΠᏓ

ᏑᏁᏄᏁᏑᏜS ᏮᏭOOᏌOᏍO

ᏄᏭᏁᏫᏍᏤᏄS ᏫSᏜSᏑS

ᏁSᏑ	ᏓᏓOOᏭᏜ
ᏑSᏁᏭ ᏜᏍ ᏓᏌᏆ ᏋSᏋSᏋ.	ᏫSᏆᏋSᏤ ᏜᏍ ᏓᏌᏆ ᏄSᏋSᏋ.
ᏜᏋᏁᏜᏁ ᏜᏍ ᏜᏍᏑSᏤ ᏋSᏋSᏋ.	ᏜSᏑSᏓᏁ ᏜᏍ ᏜᏍᏑSᏤ ᏄSᏋSᏋ.
SᏁᏫᏓO ᏜᏍ ᏫSOᏂᏜ ᏋSᏋSᏋ.	ᏑSᏆᏤᏭ ᏜᏍ ᏑSᏮ ᏄSᏋSᏋ.
ᏤᏭᏤᏜᏁ ᏜᏍ ᏑᏍᏄᏂ.	ᏋSᏜᏌᏤᏄᏁ ᏜᏍ ᏑᏍᏄᏂ.

ᏓSᏆSᏮᏜᏁ ᏜᏍ ᏓᏌᏆᏌᏋᏍ.

OSᏑSᏄᏍᏜᏄS SᏋᏍ ᏜS ᏓᏌᏆSᏋᏮS ᏓSᏆSᏮᏜS

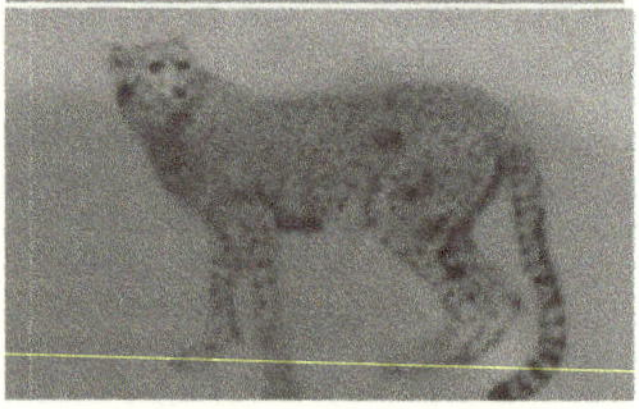

ᏋSᏆSᏫᏑSOᏜS SᏋᏍ ᏜS ᏮᏋ ᏓᏌᏆᏌᏋS ᏓSᏆSᏮᏜS ᏭᏋᏂ OSᏑSᏄᏍᏜᏄS

ƐЧ

ꞋꞋ9ᑎƽϚꞇ

ՆԼ ꞆԼ ꓶ, ՋϚɟ9, ƽSɟϚꞇ, ƘSꓶϚꓶ, ɟЌ ꞆSꞇϚꞇ, ɟϚꞋh,

ꞪᑎᑎSꞒᑎ, ꞰSɟhЌ, ɟᑎᑎSꞒƨ, ꞋꞭOSꞒO, ƽSOhЌ, ɟSOOϚꞇ.

S. **ᑎSꞒᑎ9** ɟᑎꞋᑎɟꞪS ƨ9OOUOϚO ꞪᑎɟЌᑎ9 Ꞌ9ᑎƽϚƽSꞒϚꞇ ꞒЋƨ Ɜᑎ Ʞh ꞆSꞇ ƽUᑎS ɟSꞇꞇϚꞇ Ћ Ɜᑎ ꞒSɟɟЋꞇ.

ՆÜꓶ, ƽSɟϚꞇ, ᑎOՋЋꞇ, Ɦᑎᑎᑎƨ, ꞰSɟhЌ, ɟᑎᑎᑎᑎ, ՋϚɟSꞇ.

ᑎɟSᑎ ____. Ջᑎꓶ9 ЌԼꞒꞇ ꞇ9ꞇ ______.

ՆSՋSᑎ ____. ƘSO ƽSOhЌ. ՋÜO ______.

ɟ9ꞒH ____. ꞇϚꞒ_____. ƽSᑎSɟ _______.

ԼꞆԼꞒSOϚꞇ ɟSꓶh

Ꞌ9ᑎƽϚƽh ᑎ9O 9ƨꞪᑎ SꞒ

ՆUꓶ	<>	ՋϚɟSꞇ
ɟᑎᑎᑎƨ	<>	ꞋᑎOᑎO
ꞋhՋ	<>	ՆhЌ
ƽSɟϚꞇ	<>	ƘSꓶϚꓶ
ƽSOhЌ	<>	ɟSO
ꞰSɟhЌ	<>	ꞪᑎᑎSꞒᑎ

ᏖᎯƃƇΠᏝ:

S. ƆSΠSᏑ ƆSᏑƇƧ. Ƹ. ħƐΠ ᏓƐᏑSƧ.

h. ΠƐƧ ᏓSƧƇƧ. Ɣ. ƐƇᏋ ƙS7Ƈ7.

Ƹ. ᏘÜO ᏓU7. Ч. ᏑƇᏑħ7 ᏑSO.

Ɔ. ᏘSᏑS7 ħSƧƇᏘƃSƧ. C. ƃSᏑ Ꮡħ7SƧ.

U. OÖᏑ9 ᏘƐ̈7SƧ. SO. ħSƐΠ ƐS7.

Ƹ. <u>ΠSƐΠ9.</u>

9ƃᏍᎯ ƇOO9 ƆSᏘSᏑƐSOS 9Ɛh Ꮦ9ΠƆƇƆSᏋS

ƆSᏘSᏑ	Ꮦ9ΠƆƇƧ
ƃSᏑ ᏘÜƃ	ᏍᎯΠᎯΠ
ħƐΠ	ISᏑSƧ
ƐƇᏋ	ᏘƇᏑSƧ
ᏓSᏘSΠ	SOSᏘ
ᏑÖƐh	ᏰᎯ7ΠħƧ
ᎯᏑSΠ	ᏰSᏑhħ
ΠƐƧ	ƆSᏑƇƧ
ᏑSƧᏑᏓ	ƆSÖħħ
ᏖᎯᏍᏓ	ᏓSƧƇƧ

ႸႩႺᏓႩႸᎯS ႦSႶႺႶႺO

ႶS7ႺS&S Ⴉ, S&Ⴚ, 9, &, ႶS, (9ႦႩႩ Ⴖ97ႩS &SOSႶႩS)

(ႬSႶႺ ႩSႶᏂ 197S ႩႩႬᏂ ႩSႶႱ Ꮒ &SႶႩႺႢ ႩႩ ႩᏂ7ႢS&Ⴂ).

5SႸႢS&S -Ⴉ-

Ⴉ: 5S7 ႬႺ ႢSႩSႶ (ႩS 590 S& Ɛ0-ႩS ႢSႩSႶ).

Ⴉ: 5S7ႢS ႬႺ 5SႶSႸႩ&ႺႶ ႩᏂႺႩS &SOႶS&S S5S ႶSႶS &SOႶS&Ꮒ ႺႢ

S&S&Ⴂ, ႬႺ ႩᏂႺႩS& ႩS &SOႶS&ႺႢ 5SႶSႸႩ&ႺႶႩ9.

Ⴉ: ႦSႸSႸႺS ႩႮႢႺS& 9ႢႬ ႺSႶႩႩ ႱSႸᏂ..

S. ႶSႶႶႮ Ⴉ ႦᏂႸᏂႺႺ? ႬSႶႺႢ Ⴉ ႦᏂႸOႺ ႶႩ79ႶS&ႶS.
Ɛ. ႶSႶႶႮ Ⴉ ႱᏂႺႺS&? ႬSႶႺႢ Ⴉ ႱᏂႺS& ႦᏂ5ႺႶ9&S.
h. 5SႶႺ Ⴉ ႦႮႶSႺS&? ႬSႶႺႢ Ⴉ ႦႮႶOS& ႬႺ OႺႶS&.

Ⴉ: 5SႶSႸ Ⴉ&ႺႶ (ႩᏂႺ ႺႢ &SOSႶႩS ႩႩ 1979Ⴂ). (ႺSႶ-ႶႺ7Ⴆ&Ⴂ)

S. Ⴌ&ႶႩS Ⴉ &Ⴎ7. ႸႩႢႩႶႶS Ⴉ ႺSႶ. Ⴂ9ႢႩS Ⴉ ႢႮႶ.
Ɛ. ႺႸႸႱ Ⴉ ႶÜ ႢႺ&S. &SႢS Ⴌ&ႶႩS Ⴉ Ⴖ9Ⴆ.

Ⴌ&Ⴖ 9&Ꮒ ႺႸႸႱ

ႺႸႸႱ: ႶSႶႶႮ Ⴉ ႦᏂႸᏂႺႺ?

Ⴌ&Ⴖ: ႬSႶႺႢ Ⴉ ႦᏂႸOႺ ႢSႩᏂ.

ႺႸႸႱ: ႶSႶႶႮ ႶSႶ&5Ꮒ Ⴉ ႦᏂႸᏂႺႺ?

Ⴌ&Ⴖ: ႬSႶS& Ⴉ ႦᏂႸᏂႺႺ OÄႶႦ9Ⴖ&.

ႺႸႸႱ: &Ⴚ Ⴉ ႺÏႶS& SႸႺ9ႶS&?

Ⴌ&Ⴖ: ႸSႶ9 S&Ⴚ Ⴉ ႺÏႶS&.

ᏘSᏜSᎢ 9ᏋᏂ ᏱᏭᏋᏂ

ᏱᏭᏋᏂ: ᏁSᏘᏘᏌ Ꭶ ᏴᏂᏎᏂᏈᏍ?

ᏘSᏜSᎢ: ᏱSᏁᏍᏃ Ꭶ ᏴᏂᏠOᏍ ᏱSᏜSᎢᏋSᎢ.

ᏱᏭᏋᏂ: Ꭶ ᏘᏌ ᏓSᎢᏰᏍᏃ.

ᏘSᏜSᎢ: ᏱSᏋᏓ.

ᏱᏭᏋᏂ: ᏓSᎢᎢᏋᏃᏈS Ꭶ ᏋᏌᏘ ᏓᏍᎢSᏁ.

ᏘSᏜSᎢ: ᏱSᏋᏓ ᏱᏍᏃ Ꭶ ᏋᏌᏘSᏋᏍ.

ᏐSᏲᏍᏋSO

ᏘSOᏓ: ᏰᎦ ᏴᏭ ᏓSᏱᏂᏱ ᏐSᏲᏍᏋSOOS.

SᏁᏐᏓO: ᏋᏍᏱ SᏋᏍ Ꭶ ᏜᏍᏱSᏃSᏱSᏋ.

ᏘSOᏓ: ᏠSOOSᏋᏴ Ꮠ9ᏴᏓ Ꮧ9ᏃᏓ9?

SᏁᏐᏓO: Ꮧ9ᏃᏓ9, ᏐSᏱSOᏴSᏃ9O.

ᏘSOᏓ: ᏱSᏁ ᏰSᏁᏓ ᏐS Ꭶ ᏜᏍᏱSᏃ ᏈSᏱSᏋ?

SᏁᏐᏓO: ᏐSᏋ, Ꭶ ᏋᏌᏘ 9ᏃᏱ ᏋᏍᏱᎦ ᏰᎦᏁᎦᏁ ᏋSᏱSᏋ.

ᏘSOᏓ: ᏱSᏋᏓ, ᏱᏍO ᏐSᏱSOᏴSᏃ ᏈSᏱSᏋ.

ᏰᏭᏜ ᏋᏍᏱ Ᏽ ᏗSᏃᏓ9 SᏱ

ᏰᏭᏜ ᏋᏍᏱ Ᏽ ᏠSOOSᏋᏴ SᏱ

SƐC, SƐSƐ, SƐᏂ

ᏂC Ꮭ7ᏞƐ ᏋSOSᏁᏜS ᎯᏁSIÜOᏕƐ9Ƨ ᏲC7 SᏋ Ꭿ ƐÜᏁS
(ᏂC ᏁSᏥƐI9Ƨ)

ᏲSᏑS7 SƐC ᏂᏑ9ᏕᏑ0. ᏂƐᏁ SƐC Ɛ9ᏕᏑ0

ᏕᎯᏜᎯᏁCᏁ SƐC ᏁS Ï7ᏜSƐ.

ᏕᎯᏜᎯᏁCᏋᎯ OSᏑᏂ ᏏᏌ7 SƐSƐ ᏁᏌOSᏋSƐ.

ᏝS7SƷ SƐC ᏕᏂᏥOS.

ᏝS7SƷᏜᎯ ᏥSƧCƧ ᏂᏝƐƧ SƐᏂ ᏁᏌƐSᏋSƐ.

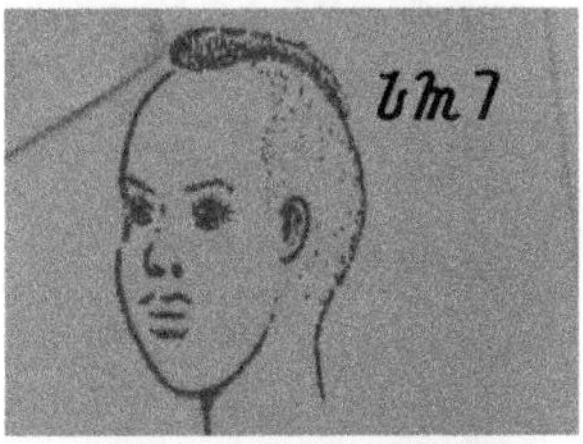

ᏂƐᏁ Ꮟᗰ7 ᏁᏝᏋ SƐC Ɛ9ᏕᏑ0.

ᏂƐᏁᏜᎯ Ꮟᗰ7 SƐᏂ ᏁᏌƐSᏋSƐ

ᏲSᏑS7 ᏂᏑᏕᏂ ᏂᏑ0ᏌSƧ SƐC ᏂᏑᏕᏑ0.

ᏲSᏑSᏏᎯ ᏂᏑᏕᏂ ᏂᏑ0ᏌSƧ SƐSƐ ᏁᏌOSᏋSƐ.

. Ә ЪƐƬƷh: SƐϚ

ЋƐՈ SƐϚ ՈS ŠƬЯSƐ. ЋƐՈ SƐϚ ЯӘƬ9ЯS ІЋЯS.

ϚЧЧL SƐϚ ЯӘƬ9ЯS ІЋЯS. ϿЋƐh SƐϚ ЯӘƬ9ЯS ІЋЯЪS.

Ո9ЧϚМ SƐϚ ՈS ŠƬЯSƐ. ЪSƬSƷ SƐϚ ՈS ŠƬЯSƐ.

ЯSЧSƬ SƐϚ ՈS ŠƬЯSƐ.

OSЧЖϚO SƐϚ ՈS ЯÜϩSƐ

ЪLƐϩЋƷ SƐϚ 9ЪSƐS

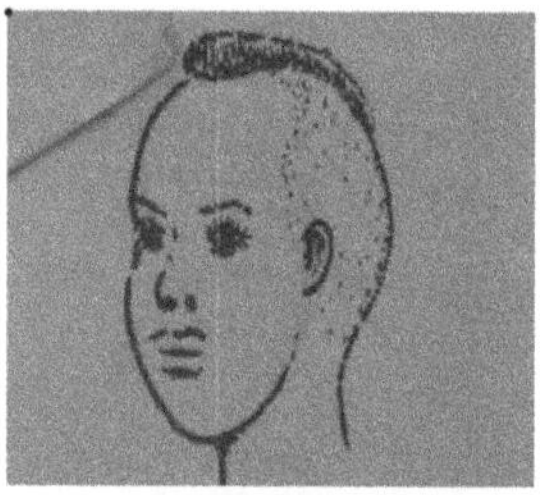

ЋƐՈ SƐϚ ЧЋOSƐ.

OSՈՈSЯ SƐϚ ՈS ϿĹՈSƐ.

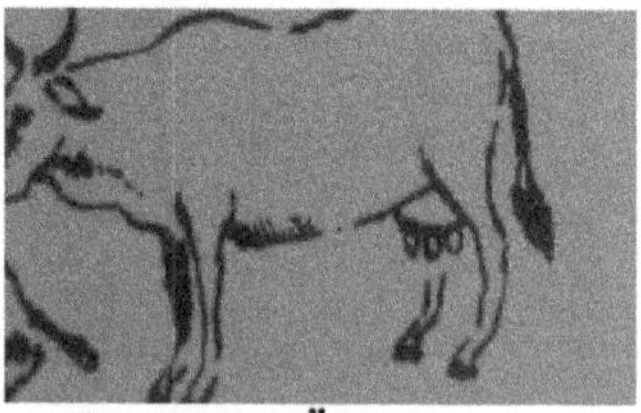

ƷSЧ SƐϚ ЧЎƐLƐ

ЋƐՈ SƐϚ ЋƬOSƐ

ϩ9ϩ SƐϚ ЋƬOSƐS

ЯSЧSƬ SƐϚ ƷÜМSЪSƐ

ϿSЋՍϩ SƐϚ ƷՍМSϩSƐƷS

ЧƐ

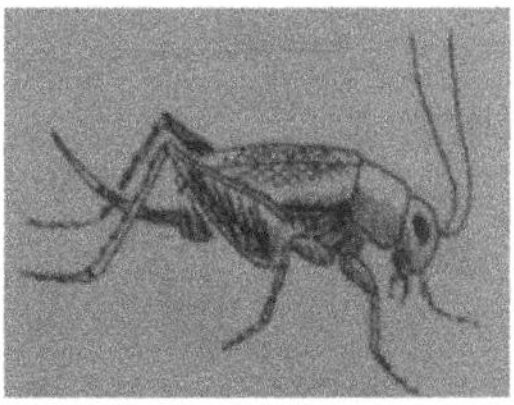

ᎴᏌᎯᏂᎷᏚᏆᎬᏆ Ꮒ.

ᎯᏚᎬᏫᎯᏚ ᎴᏭᏨᏭᏫᏚ

ᎯᏂᏧᏂᎥᏣ ᎴᏭᏨᏭ

ᎴᏭᏨᏭ: ᏌᏚᎷᏣ Ꮭ ᎩᏭᏫᏣ Ꮊ Ꮭ ᎩᏂ̈Ꮻ ᏏᏌᏆ ᏪᏚᏋᏚᎬ?

ᎯᏂᏧᏂᎥᏣ: ᎩᏚ̈ᏥᏮᎯᏚ ᏭᎬᏂ ᏝᏧᏚᎷᏚ ᏚᎬᏣᏨ ᎯᏚ ᏏᏏ ᏆᏒᏚᎬ

ᎴᏭᏨᏭ: ᏌᏚᎷᏣ ᎲᏣᏆ Ꮭ ᎯᏚᎬᏫᏮᏚᏨ ᏥᎥ̈ᎬᏫᏚᎬ?

ᎯᏂᏧᏂᎥᏣ: ᏌᏣᏨᏪᏚ ᎩᏝᏨᏪᏂ ᏥᏣ ᎲᏚᎬᏮᏪᏣ, ᏮᏭᏫᏣᏮ ᏚᎬᏣᏨ

Ꮭ ᎩᏚᎬᏣᏆᏚᎬᏣ.

ᎴᏭᏨᏭ: ᏌᏚᎷᏣ ᎩᏝᏨᏚᎬᏮᏣ ᎥᎬ̈ᏁᏣᏁᎯᏚ?

ᎯᏂᏧᏂᎥᏣ: ᏌᏣᏨᏪᏚ ᏏᏭᏧ ᏌᏚ ᎲᏚᏧᏂ, ᎥᎬ̈ᏁᏣᏁᎯᏝ ᏌᏚᏆᎯᏥ ᎬᏭ̈ᏌᏣᏫᏂ ᎲᏚ ᏁᏚ ᏚᏆᎯᏂ.

ᎴᏭᏨᏭ: ᏥᏣ ᏒᏚᏆᏪᏚᎬ.

ᎯᏂᏧᏂᎥᏣ: ᏚᏫᏭᏒᏝ ᏌᏚᎷᏣ Ꮭ ᏨᏚᏮᏚᏨ ᏥᎥ̈ᎬᏫᏚᎬ?

ᎴᏭᏨᏭ: ᏥᏚᎷᏣᏨ ᏮᏚᏌᏚᎬᏨᏚᎬᏣ ᏌᏚᏁᏚᏧ. ᏥᏣ ᎯᏚᎬᏫᎯᎬ ᎥᎬ̈ᏁᏣᏁᎯᏚ.

ᎲᏚᏧᏌᏨᎯᎬ ᏭᎬᏂ ᏌᏣᏁᏭᏨᏪᎬ ᏝᏧᏚᎷ ᏚᎬᏣᏨ ᏝᏆᏥᏆᎬᏣ.

ᎯᏂᏧᏂᎥᏣᏒᏝ ᎩᏚ̈ᏥᏮᎯᏚ ᏚᎬᏥ ᎩᏝᏨᏣ, ᏁᏭᏁᏁᏭᏒᏚ ᏧᏚᏆᏥᏣᎲᏚᏫᏚ,

ᎥᎬ̈ᏁᏣᏁᎯᏚ ᏥᏣ ᏌᏚᎩᏚᏁᏥᏁᏣ.

ᎴᏭᏨᏭᏫᏝ ᏝᏧᏚᎷᏚ ᏌᏚᏁᏚᏧ ᏚᎬᏚᎬ ᎯᏚ ᏮᏚᏌᏚᎬᏮᏣ Ꮊ ᎯᏏᎬᏫᏮᏚᏪᏣ ᏌᏚᏁᏚᏧᎯᏚ.

ᏫᏚᏫᎯᏝ ᎴᏭᏨᏭᏫᏚ ᏚᎬᏥ ᎷᏊᏒ ᏝᏒᏚ ᏏᏚᎩᏣ ᏌᏚᏁᏚᏧᎯᏌᏫᏚ.

ՂԱՑՇՈԼ: SƐՇՑ, SƐSƐ, SƐՒ
ՑՑƐՒ SƐՇՑ ՑSՑՑԼƐ,
ՑՑƐՒ SƐSƐ 9 ՑƐՑSƐ,
ՑՑƐՒ SƐՒ ՑSՑՑԼƐ.

S. **ՈSƐՈ9** ՑԱՂԱՑԱS ՑSՋՇՈՇO

ԱԱ ՑՒՈ9 ՆUՈSƐS ՑSՑՑՇՑ: Ա-, SƐՇ-, SƐSƐ-, SƐՒ-,
ՒSՈՇՑ __ ՂԼՋԼƐ ՑՇՑS.
ՑSՈ9 ՑՒՋՋƐ __ SՒՂ9ƐԼƐ.
ՑSՈ9 ՒԱՈՒ __ ՒՂOSƐ ՆSՋՇՈSOS.
ՒSՈSƐ __ ՑՒՑՒՂՇ ՑՒԱS.
ՂՇՂSՈ __ ƐՑՆ9O Ո ՑSՈ9 __ ƐUՂSƐ
ՋԼՂ9 __ ՈS SՂԱSƐ.
___ ՂƐՂՑՒ ԼSՒՇՑՂS.
ՆSՈSՆԼO ___ ՇOSƐ ՋԱՂ9ՋƐ Ո ՋԱՂ9ՋƐ__ ՂԱՂSƐ.
ԱՒՂSՈOƐ ___ ՑՈ ՑSՈOSƐ, ՒՂՒO ՒƐՈԱS ___ ՋU ՇՈƐSO9.
ՑՑՆSՑԱƐ ՑՑՂ ___ ՋSՈUՑ.
ՆSՂՈO9 ___ ՈS SՂԱSƐ.
ՋSՑSԼԱ ՑՒՋ ___ ՒƐՈԱS ___ SՒՂ9OSƐ.
ՒƐՈԱԱ ՑՇՑՒՂ __ ՂՇՑSƐ.
ՒƐՈԱS __ ՑUՋSƐ.
ՋSՑSՂ ___ ՂՑՆ9O.

9 9Ɛћ Ɛ

ƼSƷꝛSꝒS: 9 (ꝛSЖSՈ ЯϚƷSꝛ) Ɛ (ꝛSЖSՈ ƅꞶ7)

9: ЋϚ ꝛSЖSՈ/ЯϚƷSꝛ. ƼS7ꝛS ЋϚ ƼSЯSƷᴧƐϚՈЯS ЖћꞩЯS ꝒSOՈSƐS.

Ɛ: ЋϚ ꝛSЖSՈ/ƅꞶ7. ƼS7ꝛS ЋϚ ƼSЯSƷ ᴧƐϚՈЯS ЖћꞩЯS ꝒSOՈSƐS π ꞩSՈЯᴧ OS7ꝛƐƃ ᴧ ƅSƷSƐ.

ꞩƐ79 ꝛћƃϚՈSꝒϚꝛ

9	Ɛ
ϚƷƷƖ SƐϚ 9 S̈7ЯSƐ	ϚƷƷƖ SƐϚ Ɛ Ɛ9̈Ƽ9O.
ꝒπƐћ SƐϚ ƷϚꝛћ 9 ƃƐ̈ƃSƐ.	ꝒπƐћ SƐϚ Ɛ ꝛ9Ƽ9O.
ƷϚꝛS SƐϚ 9 ƷS7ꝛSƐ.	ƷϚꝛS SƐϚ Ɛ ЯꞶ̈ꝛꝛSƐ.
ЋƐՈ SƐϚ 9 ꝛЋ7SƐ.	ЋS7ЖSO SƐϚ Ɛ ꝛ9Ƽ9O.
ꞩϚ7SՈ SƐϚ 9 Ɛ9̈79.	ƷSՈ9 SƐϚ Ɛ 9ƼϚꝛSƐS.

ꝛᴧƃϚՈƖ Ɛ: (ЋϚ ƷƖOOƖՈЯƐ Sꝛ9ЯS)

ꞩϚ7SՈ: ƐϚ ЯЋ Ɛ9̈Ƽ9O? ƷϚꝛS: 9̈O9Ո SƐϚ Ɛ ꝛ9Ƽ9O

ꞩϚ7SՈ: ƼSՈSƐ ЯЋ ЯꞶ̈ꝛꝛSƐ? ƷϚꝛS: ƷЋЯ SƐSƐ Ɛ ЯꞶ̈ꝛꝛSƐ.

ꞩϚ7SՈ: ƐϚ ЯЋ ꞩᴧ̈7SƐ Яᴧ79ЯS? ƷϚꝛS: ƷSՈ9 SƐϚ Ɛ ꞩᴧ̈7SƐ.

ՈS: ЋSПԌ ՈЋ 9ƷԎ9Ж5ԌՈԌ ՈSЖh ᏗIUOOh.

ЖhԎ S5S Ж9O ՈSՋᏗ ՈS55ԌƵ9Ɛh.	ԎSՈ ԌƵ ՈS ƐUՋ9Ƶ Ж9OOƐ ՋSƐƷSԎLƐ.
- ԌЖЖL SƐԌ **ՈS** ƷhЖOSƐ - ЖhԎ SƐSƐ **ՈS** IЋՋԎSƐ - Ƶ9Ƶ SƐЋ **ՈS** ԑŠOՈSƐ - Ƶ9Ƶ SƐSƐ **ՈS** IЋՋԌƵ	- SП5LO SƐԌ **ՈS** ŠΊЖSƐ - OᏗЖԌƵЖƐ ЋԌ **ՈS** ПӬΊSƐ - OᏗՋƷ9ՋƐ ЋԌ **ՈS** ԎӒΊSƐ - ԎЋՋՋƐ ЋԌ **ՈS** ĽΊƐLƐ

Ɛ. <u>ՈSƐՈ9</u>

ЖᏗ ЖЋП9 5UՈSԑS ЖSƵƵԌƵ:

-9- S5S -Ɛ-

Ӭ09Ո SƐԌ ___ Ԏ9559O.

ЖSՈ9 SƐԌ ___ ŠΊЖSƐ.

ЖSՈ9 ЋᏗПЋ ___ ЖÜƵSƐ ЖӬƐh.

ƐԌ ___ ՈS ЋSOԌՋSƐS ЖԌƵSԑS?

ЖԌƐS 9Ɛh SП5LO SƐԌ __ ƷЋ ՋSOSƐ LSΊЖԌƵ.

ԑЋƐh SƐԌ __ ՈS ԑSOSƐSƐ.

SП5LO SƐԌ __ ΊԌЖSƐS ՋᏗΊ9ՋS.

ЋSΊЖSO SƐԌ __ Ԏ9559O.

ЖĽ ΊΊ9 __ 95hЋ.

h ՈԼ૪Ո9

ЖԀ ƷԿM9 ƽUՈSȣS ƷSƨƨϚƨ: Ԁ SƽS ՈS

ϚƷƷԼ ԿԀMԿ Ԁ ԽԼЯԼ૪ MSՈ૪ƽS. ԿԀMԿ ՈS ȣSOՈS૪ MSՈ૪ƽS.

ƷϚϱS S૪Ϛ __ Ɪm̃ЯԽS ȣm̃૪ƞ. MSЯЯU _ ƷƞƷƞԽϚ ƽϚƨԽS?

ÿO9Ո 9૪ƞ SMƽԼO S૪Ϛ__ ԽԼЯԼ૪ ϚƷƷԼ. O૪̈ƨ S૪Ϛƨ __ S7ЖS૪.

ƽS __ ȣSOSϱS૪ ƷSՈ9? 9ƨS ƷSՈ9 __ ЯԿ7ƷS૪.

ÿƨS ƷSՈ9 S૪Ϛƨ __ ȣSOՈS૪. MSЯЯU __ ƞ7OS૪ƷϚ?

Կ૪ՈЖS __ O97 ЯԀ79Я૪ƷS. Կ૪ՈЖS __ ϱUЯ Ʒ9OS Ոm̃ Sƙ79૪ƞ.

Կ૪Ո Ƅm̃7 ՈԼȣ S૪Ϛ__ S7ЖS૪. __ ЯU ƷϚƨSȣS ЯSƷSƄS ૪S7.

ƽS7Ж૪ ϚO ƷԿM9Ʒ9O ՈS૪Ո9ЯϚƨ, ЖԀ ЖƞƷ ՈS૪Ո9ЯS ԿS7ЖSO ƷSƨƨϚƨ.

Լ7Լ૪ƞ ƷԀƷԀƷ

ЖԼՈ9	ЖƞOƞƷ	ԿSOS7
ϱSЖƞ	ϱSЖƞ-OS	ϱSЖm̃૪9ƨ
ƽSƙϚ૪SO	ƽSƙϚ૪SO-OS	ƽSƙϚ૪SOƞ
ƷSOOS૪Ʒ	ƷSOOS૪Ʒ-ЖS	ƷSOOS૪Ʒ
7Sƨ19	7Sƨ19-ЯS,	7Sƨ19
ƷSƨƷԿƷ9	ƷSƨƷԿƷ9-ЯS	ƷSƨƷԿƷ9૪ƞ
ϱϚȣ	ϱϚȣ-S,	ϱϚȣ
ƷƞƨЖƞ7	ƷƞƨЖƞ7-ԽS	ƷƞƨЖƞ7
Ʒÿ	Ʒÿ-OS	Ʒÿ (Ʒÿ૪ƞ)
ƷS̈ԿƷ	ƷS̈ԿƷ-ЖS	ƷS̈ԿƷ૪ƞ
ƷS૪Ϛ7	ƷS૪Ϛ7-ԽS	ƷS૪Ϛ7ƞ
I૪ՈϚՈ	I૪ՈϚՈ-ЖS	I૪ՈϚՈ.

Ɣ. ՈSƐՈ9

ЯЛ79Ђ

ƎƐh 7 ƆSȻSЯƐSOS ƐSƐ ƐSƐ ƞ ƎƐhՈЯꞆȻS ƐꞆՈ 9Ɛh ȟSՈS Ոƞ 9Ђꝉ9ЯƆꞆՈh.

ᎹᏗᏡᏗᏠᎲS ᏡᏲᏠᏟᏳO

5SᏒSᎹ 9Ᏹh 5SᏒSᎹᏗᏋᏳᏁ

5SᏒSᎹ ᏲᏳ:

Ꮭ7ᏝᏋ S5S ᏡᏭᏁᏁ, ᏐhᏕ S5S ᏲSᏁᏁ ᎲSᏁᏝ ᏁᏲᏒᏗ ᏋU7h.

5SᏒSᎹᏗᏋᏳᏁ ᏲᏳ:

ᏠᏝOOᏝᏁᎲᏋ 5SᏒSᎹS (5S7ᎲᏋ 5SᏒSᎹ ᏁSᏒS ᏋSOᏁSᏋh).

5SᏒSᎹᏗᏋᏳᏁ: ᏲᏗᏁᏲ ᏁUᏋSᏋSᏋ ᎲᏝᏁ9 9Ᏹh ᏲSOS7

ᎲᏝᏁ9	ᏲSOS7
SᏣ9ᏒS	SᏣᏣSᏒS
SO9ᏒS	9̈ᏣᏣSᏒS
9ᏋSOS	9ᏋSᏒS
9ᏰSᏒS	9̈O9ᏣᎲS

ᏡᏗᏰᏳᏁᏝ

SᏣ9ᏒS: (5SᏒSᎹᏗᏋᏳᏁ) ᏐhᏕᎲS ᏋSOᏁSᏋS.

SO9ᏒS: (5SᏒSᎹᏗᏋᏳᏁ) ᏐhᏕᎲS ᏁSᏁS ᏋSOᏁSᏋh.

9ᏰSᏒS: (5SᏒSᎹᏗᏋᏳᏁ) ᏐhᏕᎲS ᏁSᏒS ᏋSOᏁSᏋh Ᏺ ᏁSᏠ.

9ᏋSOS: (5SᏒSᎹᏗᏋᏳᏁ) ᏐhᏕᎲS ᏁSᏒS ᏋSOᏁSᏋh Ᏺ ᏏᏝOO9Ꮢ.

Ö09ƧӇS: (ϽSЯSႸЯƐϚՈ) OSOӇS ՈSՈS ȻSOՈSƐh,

ӜhႸӇS ȻSOՈSƐS ӇƏ ϽS 197h.

9ƐSЯS: (ϽSЯSႸЯƐϚՈ) OSOӇS ՈSЯS ȻSOՈSƐh,

ӜhႸӇS ȻSOՈSƐS ӇƏ ϽS 197h.

SƧƧSЯS: (ϽSЯSႸЯƐϚՈ) ӜhႸӇS ȻSOՈSƐS ӇS Ͻ90 ƐSȻSƐ,

ӜhႸӇħ ՈS ȻSOՈSƐh ӇƏ ϽS 197h.

ÖƧƧSЯS: (ϽSЯSႸЯƐϚՈ) ӜhႸӇS ȻSOՈSƐS ӇS Ͻ90 ƐSȻSƐ,

ӜhႸӇħ ՈS ȻSOՈSƐh ӇS Ͻ90 ƐSȻSƐ.

ႸƐ79 ႸƏЪϚՈSȻϚƧ

SƧƧSЯS: OSOӇS ȻSOՈSƐS SϽS 9ЪӇƏ ƏIUOOh SȻ ħ ӜhႸӇS SϽS OSOӇS ՈSՈS ȻSOՈSƐh ӇƏ 1979Ƨ.

ÖƧƧSЯS: OSOӇS ȻSOՈSƐS ħ ӇƏ 197h ӜhႸӇS ՈSՈS ȻSOՈSƐh.

<u>ӇLՈ9</u>

SƧ9ЯS	SO9ЯS	9ЪSЯS	9ƐSOS
SƧ9ЯƏ	SO9ЯƏ	9ЪSЯƏ	9ƐSOƏ
SƧ9ЯƐ	SO9ЯƐ	9ЪSЯƐ	9ƐSOƐ

<u>ħSOS7</u>

Ö09ƧӇS	9ƐSЯS	SƧƧSЯS	ÖƧƧSЯS
Ö09ƧӇƏ	9ƐSЯƏ	SƧƧSЯƏ	ÖƧƧSЯƏ
Ö09ƧӇƐ	9ƐSЯƐ	SƧƧSЯƐ	ÖƧƧSЯƐ

𝒮SЯSЖ𝒜ƐϚΠ ΠSℰϚƐƐℏ:

ЖЛΠℏ 𝒮ЖI9ƐSƐϚ ӜℏЧЛS ΠLℰ -𝒮ЛΠӜƐΠSℰS.

ЛLΠ9

ЛLΠ9 / ΠSЖ	ӜℏOℏЖ	ЛLΠ9 / ЬLOO9Я	ӜℏOℏЖ
ЛSƐЯS	ЛSƐЯЛ/ЛSƐЯƐ	ЧSƐOS	ЧSƐOЛ/ЧSƐOƐ
ЛϚЯS	ЛϚЯЛ/ЛϚЯƐ	ЧϚOS	ЧϚOЛ/ЧϚOƐ
ЛƐЗS	ЛƐЗЛ/ЛƐЗƐ	ЧƐЗS	ЧƐЗЛ/ЧƐЗƐ
ЛUOS	ЛUOЛ/ЛUOƐ	ЧUOS	ЧUOЛ/ЧUOƐ

ЖSOS7

ЖSOS7/ΠSЖ	ӜℏOℏЖ	---	ЖSOS7/ЬLOO9	ӜℏOℏЖ
ЛƐƐƐS	ЛƐƐƐЛ/ЛƐƐƐƐ		ЧƐƐƐS	ЧƐƐƐЛ/ЧƐƐƐƐ
ЛЋOS	ЛЋOЛ/ЛЋOƐ		ЧЋOS	ЧЋOЛ/ЧЋOƐ
ЛϚƐSЯS	ЛϚƐSЯЛ/ЛϚƐSЯƐ		ЧϚƐSOS	ЧϚƐSOЛ/ЧϚƐSOƐ
ЛUƐƐS	ЛUƐƐЛ/ЛUƐƐƐ		ЧUƐƐS	ЧUƐƐЛ/ЧUƐƐƐ

ΠЋ7-ЧЋOS

ΠЋ7-ЛЋOS

ᏍᏗᏰᏨᏁᏓ:

ᎯSᏱ ᏂᏨ ᏐSᏢSᏋ? ᎯSᏱ ᏂᏨ ᎯSᏋᏘᏋ.

ᏍᏨᏰ ᏂᏨ ᏐSᏢSᏋ? ᏍᏨᏰ ᏂᏨ ᏍSᏋOᏋ.

ᎯᏨᏰ ᏂᏨ ᏐSᏢSᏋ? ᎯᏨᏰ ᏂᏨ ᎯᏋᏰᏋ.

ᏍᏨᏰ ᏂᏨ ᏐSᏢSᏋ? ᏍᏨᏰ ᏂᏨ ᏍᏋᏰᏋ.

ᏍᏗᏰᏨᏁᏓ:

ᏁSᏠ	ᏏᏓOO9Ꮨ
ᎯSᏋᏘᏗ ᏂᏨ ᏘᏗOᏂO.	ᏍSᏋOᏗ ᏂᏨ ᏘᏗOᏂO.
ᎯᏨᏘᏗ ᏂᏨ ᏠSOOᏨᏱ.	ᏍᏨOᏗ ᏂᏨ ᏠSOOᏨᏱ.
ᎯᏋᏰᏗ ᏂᏨ ᏐSOᏂᏂ.	ᏍᏋᏰᏗ ᏂᏨ ᏐSOᏂᏂ.
ᎯUOᏗ ᏂᏨ ᏠSᏘᏨᎢ.	ᏍUOᏗ ᏂᏨ ᏠSᏘᏨᎢ.

ᏂSOᏱᏓ:
ᎯUᏱᏱᏗ ᏂᏨ ᏂᏓᏋᏱ ᏋSᏋSᏋ

ᏏᏋᏁ:
ᏍUᏱᏱᏗ ᏂᏨ ᏋSᎢ ᏍSᏋSᏋ

ՇUAhՈSΊƐΊh Ծ

O9ՋƐΊSՇ 9Ɛh ƷSAS ƐՈL

O9ՋƐΊSՇ

ƷSASƐՈL

ƷSASƐՈL: SՇՇSՋA ՀϾ AS ՈAՇՇSՇSƐ, 9Շ ΊUΊ O9ՋƐΊSՇ OƬՈSOƐ ՀSƷSƘ AS L9ՋUՇ.

O9ՋƐΊSՇ: ÖՇՇSՋA OSΊ9Ʒ SƐϾՇ ՇSՇSƐ, L9ƷϾՂh ƷhՈϾOUO ϽS I9ΊՂh LLՈOUՇՇS ՇSOOS.

ƷSASƐՈL: OƬՈSOƐ ՀSՈϾ AS L9ՋՂUՇ ϽAƷƷAՈ, ΊUΊ O9ՋƐΊSՇ ՋSΊSՇ ϽSƐϾՇ Ʒ9OS AhΊՂSՋՋS ՈƬ SƷՂAΊh.

O9ՋƐΊSՇ: Ö09ՇAA ΊUΊ ƷSASƐՈL ՀϾ ƷSΊSՂUՇ AhΊՂSՋՋS Ʒ 9OS ՈƬ SƷՂAΊh.

ƷSASƐՈL: ƷLΊΊ9 SՇՇSՋS 9Ɛh Ö09ՇAS Ʒ900Ɛ SOAϾՂS SƐϾ OƬՈSOS IƬՋSƐƷS.

ΊUΊ O9ՋƐΊSՇ 9Ɛh ΊUΊ ƷSASƐՈL ՀSՈSƐ AA ƷSՈՈSϽUՇ, 9ՇSƐ OSՋϾՈ AA ASՈS Ʒ9Ո9 OƬՇϾՇ ϽAOOh LSՀ.

ΊUΊ ƷSASƐՈL 9Ɛh ΊUΊ O9ՋƐΊSՇ OSՋϾՈ SƐSƐ 9ƷAA O9ƐϾΊ9ƐUՇ, "ŠՈՈhՀ AƐ ΊƬՇ ΊUΊAS A ΊUƷ".

ΊUΊ O9ՋƐΊSՇ ՈUՈSO SƐSƐ ƷSϽUƐUՇ ƷSOOLՈ AƬՈ SƐSƐ

9ƷᎯS ԱϧƦՍƨ m ƷSOOԼՈ Ɩ9Ʊh ᎯS 9ϽԌƨSƐS.

ᎯmՈ ĥSՈŸS 9ƨꞮSƐ ᒣՍᒣ ŸSᎯSƐՈԼ Ꭿ ꞮSƦꞮh SƐSƐ ĥЇƐOOƐƐԌƨ:

" ϽS SᒣSƦꞮՍƨ O9ƦƐᒣSƨ OĥՈԌƨ SƱ?"

ᒣՍᒣ ŸSᎯSƐՈԼ ϽSᒣᎯSƐ ՈS ᎯᎯՈϽՍƨ ĥЇƐOOƐƨꞮS ᒣՍᒣ O9ƦƐᒣSƨ,

SƐԌ ƴSŸƷ9 ᎯᎯ ԱSՈSꞮSƐ.

ᒣՍᒣ ŸSᎯSƐՈԼ 9ƷĥSᒣSƐƷ9 ԱԼՈOmOS ϽSᒣᎯSƐ ƦSՈՍƨ, SƐSƐ

9ƷՈS ᎯԌꞮՍƨ ϽԌƱϽԌƱOƐ ƴԌƨᎯS SƱSƐO Ս

"ŸSᎯSƐՈhĥ ƨ9ƨ 9Ɛh ŸĥՈ".

ŸĥՈ: ĥԌ ƦhOᎯS ĥ ŸSᎯSƐՈᎯƱᎯ ᎯᎯ ԱĥƨꞮh.

OmՈh: ԱᎯՈ ƱmƷՍƐS m Աϧ9SŸƐSOS Ÿĥᒣh SϽS ԱᎯՈSՈ

ƷSᒣᒣՍƐԌ ᎯS Ո9ƦԌƨ.

OmՈh: OmՈh-OS, OmՈh-OᎯ, OmՈh-OƐ

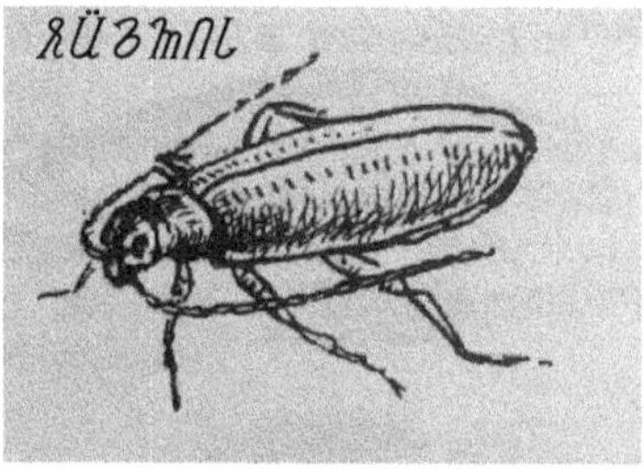

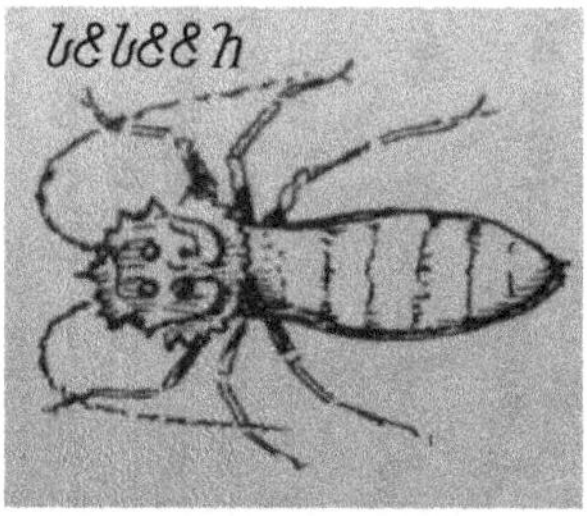

ƦÜƷmՈԼ: ƴSƐSƐԌƨ ƷϧOS OmᒣƐԌƨᎯS ᎯhՈhꞮ SOSƦ ᎯᎯ ᒣhƦSƨ ꞮSƱSƐ . ĥᎯՈĥ ՈՍƐSƱSƐ ᒣSŸh ƦÜƷ m ԱՍᒣԱՍᒣ	ԱƐԱƐƐh: ƴSƐSƐԌƨ ϽSOSՈS 9Ɛh ᎯԌᒣᎯS OSƨŸԼ ᎯhՈhꞮ ᎯᎯᒣꞮᎯϽh SOSƦ m ƐSᒣƐSᒣ ᎯᎯ ՈԼƱ, ᎯԌᒣᎯS OSƨŸԼ SƐĥ Ꭿ ƴŠƐ9ՈSƨ ƐSƱSƐ

ϽƔ

Ꮥ. ᏗᏕᎬᏗᏱ ᏱᎾᏞᎾᏯᎯᏍ ᏞᏂᏯᏃᏣᎤ

ᏕᏲᎢᏱ ᏂᏕᎤᏕᏣᏕᎤᏕᏁᎯᏍ ᏌᎾᏃᏞᏕᏞᏓ ᏬᏋᏂ ᏱᏣᏋᏕ,
ᏣᎹᏃᏞᏕ ᎯᏍ ᎻᏕᎢᏋᏠ ᏌᏕᏒᏕᏱᎾᏋᏣᏁᎯᏍ ᎯᎾ ᏱᏬᎢᏍ.

ᏌᎾᏃᏞᏕᏞᏓ: ᏕᎤᏬᏒᎾ ᏌᏕᏒᏕᏱᏣ?

ᏱᏣᏋᏕ: ᏋᏣ ᏒᎾᎢᏬᏒᏕ ᏐᎹᏒᏕ?

ᏌᎾᏃᏞᏕᏞᏓ: ᏣᎹᏋᏂ ᏬᏋᏂ ᏕᎻᏌᏓᎤ

ᏱᏣᏋᏕ: ᏬᏋᏕᏒᎾ ᎻᏕᏒᏒᏌ ᏣᎤᏕᏋᏣᏃ?

ᏌᎾᏃᏞᏕᏞᏓ: ᏬᏋᏕᏒᎾ ᏂᏕᎻᏕᏋ ᏣᎤᏕᏋᏣᏃ ᏱᏕᏁᏬ.

ᏱᏣᏋᏕ: ᏌᏕᎻᏣ ᏬᏃᏕᏒᏕ ᏁᎹ ᏣᎤᏕᏋᏣ?

ᏌᎾᏃᏞᏕᏞᏓ: ᏬᏃᏕᏒᎾ ᏂᏣ ᏏᎹᏞᏕᏋᏣ.

ᏱᏣᏋᏕ: ᏋᏣ ᎢᏣᏱᏕᏋᏕ ᏬᏃᏕᏒᏕ?

ᏌᎾᏃᏞᏕᏞᏓ: ᏂᏕᎻᏣ ᎢᏣᏱᏕᏋᏃᏕ ᏣᎹᏋᏕᏒᏋᏃ.

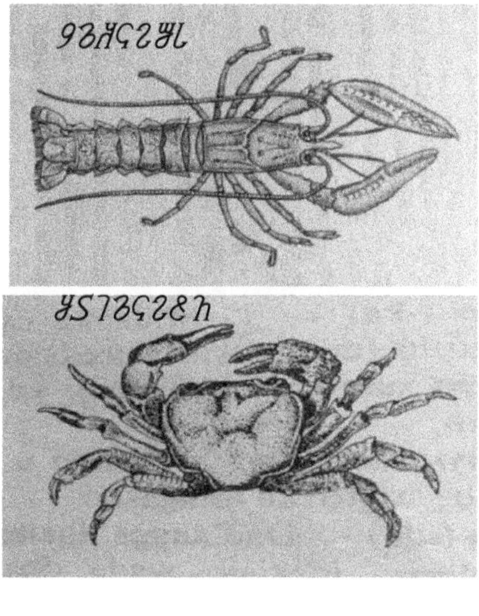

ᏬᏃᎯᏣᏃᏑᏓ: ᏑᏕᎤᎤᏕ ᏕᏋᏂ ᎯᎾ ᏃᎹᏁ ᏋᏕᏣᏕᏋ. ᏂᎾᎻᏂ ᏁᏌᏋᏕᏣᏕᏋ ᏒᎤᏃᏂ ᏏᏌᎢᏏᏌᎢ ᏬᏋᏂ ᏕᎤ ᏁᎾᏒᎹᎤ. ᏕᏞᏁᏌᏋ ᏑᏕᎤᎤᏕ ᎯᎾ ᏃᎹᏁ. ᏂᏕᎻᏕᏋ ᏁᏌᎤᏕᏣᏕᏋ ᏠᏂᏁᏞ, ᏕᏞᏕᎢ ᏁᎾᏒᎹᎤ, ᏁᏕᏑᏂ ᏑᏬᎢᏠᏣᏑ Ꮉ ᏕᏋ ᏂᏕᎻ ᎯᎾ ᏠᏕᏑᏕᏞᏂ

Ɛ. ՈSƐՈ9

ꙅꓤ79Ƨ

ꝁɦ7 ѣSOSꝁSOSՈ ƀĿՌ 5S7SƐ SO9ѣS 9Ɛɦ ꝁɦƲ ꓤSՈĿ. ꝁɦ7 ꓤѣꓤ ƐS7ՇƧ ɤɦꙅSƧ ƧSOS7 ɱ SƐ ꓤꓤ I97ՇƧ 5SѣSꙅꓤƐՇꓤS: SƧ9ѣS, SO9ѣS, 9ƧSѣS, 9ƐSOS. Ƨ9OՇƧ SƧ9ѣS 9Ɛɦ 9ƧSѣꓤ ѣՇ......

h. ᏁSᏋᏁ9

ᏕᏂ7 ᏇᏂ̈ᏧSᏒ ᏥᏌ7, ᏰᏚ SᏋ ᎯᏗ ᏋᏈ7ᏇᏂ ᏥᏌ7 ᎯSᏰᏇS ᏋSᏁ
ᏍSᏜSᏧᏗᏋᏍᏁ

ᏁSᏋᏍᏒᏋᏂ ᎯᏓᏁ9: ᎯSᏋᏜᏋ, ᏇSᏋOᏋ, ᎯᏍᏜᏋ, ᏇᏍOᏋ.

ᏇᏗᏰᏍᏁᏓ: ᏧᏥᏜᏜᏍᏒ ᏥᏍ ᎯSᏋᏜᏋ.

S. ______________________________

Ɛ. ______________________________

h. ______________________________

Ꮷ. ______________________________

Ꮛ. ______________________________

Ꮞ. ______________________________

Ɔ. ______________________________

C. ______________________________

U. ______________________________

SO. ______________________________

ᎯᏰ7: OSᏥSᏒ ᏕᏂ79 SᏋ Ᏸ ᏜÜᏁS SᏍS ᏎS7OSᏋS ᏕᏂ7ᏇS ᏁᏰᏜᏗ Ᏼ97, Ᏸ9 ᏁᏰ ᏍSᏕᏁᏂ ᏍᏌᏋSᏋ ᎯᏍ ᏋᏈ7ᏍᏒ

Ꭳ. ᏁᎦᏋᏁᏄ

ᏜᏂᏈ ᏜᏂ̈ᏑᎦᏃ ᎻᏌᏈ, Ᏹ ᎦᏋ ᎯᎮ ᏮᏭᏈᏜᏂ ᎻᏌᏈ ᎯᎦᏃᏜᎦ ᏋᎦᏁ ᏐᎦᏜᎦᏑᎮᏋᏍᏁ

ᏁᎦᏋᏍᏃᏋᏂ ᎻᎦᎤᎦᏈ: ᎯᏌᏃᏃᎦ, ᏜᏌᏃᏃᎦ, ᎯᏱᎤᎦ, ᏜᏱᎤᎦ.

ᏜᎮᏃᏍᏁᏓ: ᏑᎻᏜᏜᏍᏃ ᎻᏍ ᎯᏱᎤᏋ.

Ꭶ. ______________________

Ꮛ. ______________________

Ꮒ. ______________________

Ꭳ. ______________________

Ꮛ. ______________________

Ꮞ. ______________________

Ꮝ. ______________________

Ꮯ. ______________________

Ꮜ. ______________________

ᎦᎤ. ______________________

ᏜᎻ̈ᏐᎦᏋᏃ-ᎯᎦ, ᏜᎻ̈ᏐᎦᏋᏃ-ᎯᎮ, ᏜᎻ̈ᏐᎦᏋᏃ-ᎯᏋ

Ɛ. ՈSƐՈ9

ЯՈ ƎϞՈ9 ɔUՈSƐS ƎSƧƧϛƧ ɔSЯSƎЯƐϛՈЯϛƧ ƐhƨЯՈ ƎhʖSƧ.

SƧ9ЯS SO9ЯS 9ƨSЯS 9ƐSOS

Ö09ƧЯS 9ƐSЯS SƧƧSЯS ÖƧƧSЯS

S. (ЯLՈ9) SƧ9ЯՈ ՈSЯЯU ϚOSƐϚ?

Ɛ. (ƄLOO9Я ЯLՈ9 h ΙhЯ9Ƨ) _____ՈSЯЯU ϚOSƐƨϚ?

h. (SƧ9ЯS 9Ɛh SO9ЯS) ____ ՈSЯЯU ϚOSƐƧϚ?

Ɣ. (ՈSƎ ЯLՈ9 h ɔSЖSƧ) ____ ՈSЯЯU ϚOSƐϚ?

Ɛ. (Ч9ʖh OSO h ɔSЖSƧ) ____ ՈSЯЯU ϚOSƐϚƧ?

Ч. (SƧ9ЯS 9Ɛh ƨϚՈƐƎЯSƐ) _____ՈSЯЯU ϚOSƐƧϚ?

Ɔ. (Ч9ʖh OSO h ΙhЯЧS) _____ՈSЯЯU ϚOSƐƨϚƧ?

C. (ЖhЧ ЯՈՈS ΙhЯS) _____ ՈSЯЯU ϚOSƐƨϚ?

ЧSƧ ϞϚ Ϟ9Ɛ9Ո-ƐS

9ƐSOՈ ЯŠƨЯS ƎSƐ ЯՈƧЧϚ

ЯSƧ ϞϚ ƐSՈϚƨ-ЯS

9ƨSЯՈ ƐÖՈ9ƎЯS ƎϞ ЯՈƧϚ

ꮿᏗᏛᏗꮿꭿS ᏗᏂᏥᏭᏋᏂᏛᏂꮿᏡᏍᏫ

ᏞSᏁᎯᏍꮿ

ᏞSᏁᎯᏍꮿᎯᏗ ᏥᏗᎷᏥ ᎯᏗ ᎯᏂᎢᏓᏭᏋᏍ ᏞSᏁᎯS ᏞᏍᏋᏞᏍᏋᏭᏡ: ᏱᏭᏫS ᏞSᏁᎯᏗ Ꮧ ᏓSꮿSᏋ.

ᏞSᏁᎯᏍꮿ ᏒᏞᎢᏌᏫ: ᎯᏂᏁᎯᏋ, ᏑSᎢᎯᏋ, ᏥᏍ̈ᏒᏋ, ᏑᏍᏁᏭᏡᏛᏋ

ᏞSᏁᎯᏍꮿ ᏑᏌᏁᏌᏫ: ᎯᏂᎢᎯᏋ, ᏒᏗᏫᏭᏋᏋ, ᏓᏭᏡSꮿᏋ,

ᏞSᏁᎯᏍꮿ ᏨᏍꮿᏌᏫ: ᏱᏭ, ᏍᏫ, ᏫᏓᏒᏫᏓᏒ, ᏍᏋSᎢ

ᏞSᏁᎯᏍꮿ ᏨᏭᏋᏍᏱᏌᏫ: ᏭᏡ ᏋSᎢ, ᏭᏡ ꮿSᏫSᏡ ᏭᏥ.Ꮑ.

ᏞSᏁᎯᏍꮿ ᏱᏥᎢᏛSᏒᏓᏁᏭᏡ: ᏱᏭ ᏥSᏁꮿS, ᏱᏭ ᎯSᏱᏛS

ᏛᏗᏱᏍᏁᏓ

ÇꮷꮿᏓ: ᏋᏍ SᎢᎯSᏋ ꮿᏥᏒᏒSᏋᏒᏋ?

ᎯᏋᏁ: ᏨᏂᏁᎯS ᏒᏗᏫᏭᏋᏋᏱS ᎯS ᏞᏋᎢᏭ.

ÇꮷꮿᏓ: ᎷSᏒᏒᏌ ᎯS ᏞᏋᎢᏭᏋᏍ?

ᎯᏋᏁ: ᏱSᎢᏋᎢᏛS ᎯᏂᎢᎯᏌᏫS.

ÇꮷꮿᏓ: ᏒᏗᎢᏭᏒS ᏒᏗᏫᏭᏋᏋᏱS ᏞSᎢᏋᏱᏂ.

ᏑSᏒSꮿ ᏒᏥᏫ: Ꮻ̈ᏭᏒᏍᏒ. ᏓᏓᏫᏫᏭᏒ: ᏫᏭᏒᏍᏒ. ᏁSꮿ: ᏫᏋᏨ:.

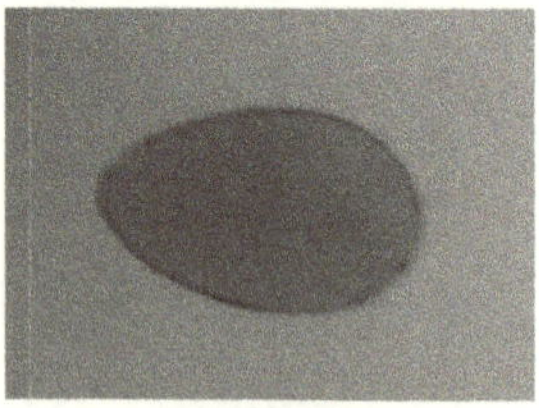

ᏗᎯᏗᏡ

ᏫᏋᏨ

ƎᏣ7 ᏗS ƆƼO SᏒ SᏁᏣᏜᏕS 19ᏗSOS

Ꮧ97Ꮑ9-ᏱS ᏗS ᏋᏗᏜ

ᏕS7ƆᏦƷ-ᏗS ᏗᏗ ᏋᏗᏜ

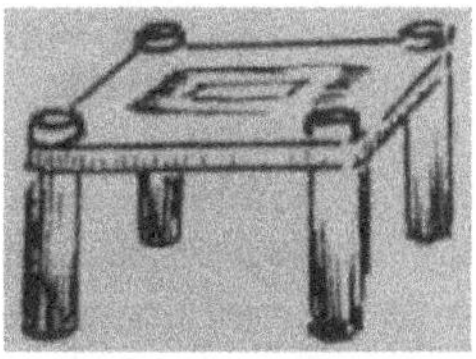

ᏱSᏋᏜS7-ᏗS ᏗᏗ ᏓS7ᏋƷᏂ

ᏓSᏁS-OS ᏗS ᏜSᏜ

ƎᏣOOᏂ-OS ᏗᏗ ƎᏣO

ᏗᏲᏜ-ᏗS ᏗᏂ7 ƷᏣ7

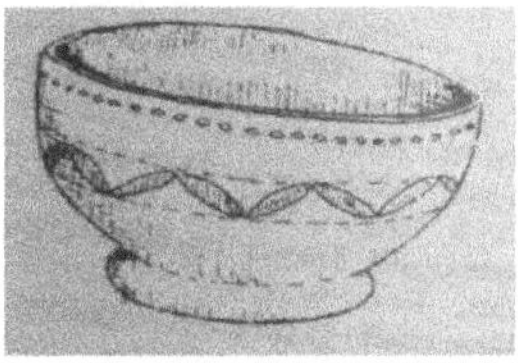

ᏜᏣƎᏗᏁ9-ᏱS ᏗᏗ ᏜᏗᏋ

ᏜSᏜ9Ʒ-ᏗS ᏗᏗ ᏜSᏜ9

OSᏋᏜƐᏁ-ᏋS ᏗᏗ ƎᏣᏱ

Ꮧ97Ꮑ9-ᏱS ᏗᏗ ᏗS79

CS

ƎSꓤɱISƐL-ƐS ȺS ƂϚꓶ

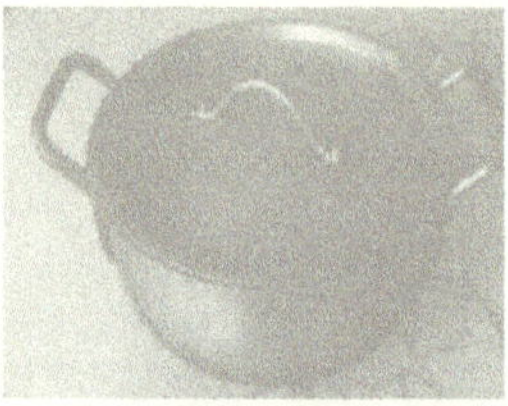

OÿꓤƂ9-ꓤS ȺΛ ȺSꓶ9

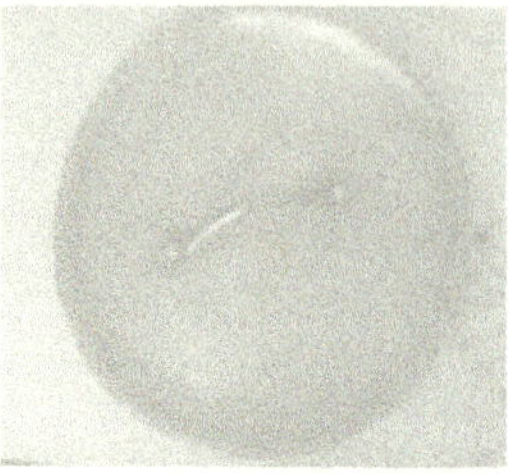

ƐSOh-OS ȺΛ OSꓤɱՈ

ꓤ9ꓶՈSՈɱՈ-OS ȺΛ OΛꓤ

ƂSՈSƧ-ȺS ȺΛ ƎϚO

ԿSꓶꓤUԿh-OS Ⱥhꓶ ƂϚꓶ

ϚƐꓤƧ-ȺS ȺS ꓤSꓤ

Ⱥɱꓤ-ȺS ȺΛ ꓤSꓤ

Ꮪ. <u>ᏁᏚᏋᏁᏭ</u> ᎯᏂᏥᏭᏋᏂᏞᏂᏍᏃᏣᎤ

ᎯᏍ ᏍᏥᎱᏭ ᏌᏌᏁᏚᏰᏚ ᏍᏚᏃᏃᏣᏃ: ᎯᏚ, ᎯᏂᎢ, ᏒᏍᎤᏂ

Ꮪ. ᎱᏚᏒᏒᏌ ᏏᏭᏒᏣ ᏍᎲᎢᏴᏚᎤᏚ? ___ ᏴᏣᎢ.

Ꮛ. ᏌᏚᎱᏣᏃ ᏪᏣᎤᏣ? ᏴᏚᎱᏚᏃᎯᏚ ___ ᏪᏣᎤ ᏌᏋᏴᎯᏚ.

Ꮒ. ᏍᎲᎢᏴᏚᎤᏍ ___ ᏋᏚᎢᏣ, ᏥᏚᎱ ᏌᏚ ᏪᏣᎤᏚᏋᏴᏂ.

Ꮙ. ___ ᏭᏋᏂ ᏰᎲᏴ ᏥᏣ ᏪᏚᏍᏂᏥ.

Ꮓ. ᎱᎲᏁᏚᏰᏚ ᎯᏂᎢ ___ ᏝᏋᎢᏭ. Ꮞ. ᏥᏋᏁᎯᏚ ___ Ꮝ ᏪᏣᎤ.

Ꮕ. ᏌᏌᎤᏚᏋ ᏍᎯᏍᏃᏞᏋ? ᏪᏚᏍᎲᏗᏭᏋᏚᏰᏚ ___ ᏝᏋᎢᏭ.

Ꮯ. ᏌᏌᏋᏓᏋ ᏞᏚᎢᏌᏥᏴᎯᏋ? ᏗᏭᎯᏚᎤᏚ ___ ᏝᏋᏞᏭ.

Ꮛ. <u>ᏁᏚᏋᏁᏭ</u>

ᎯᏍ ᏍᏥᎱᏭ: ᎯᏂᎢᎯᏋᏴᏚ ᏚᏌᏚ ᎯᏂᎢᎯᏌᎤᏚ

ᏴᏚᎢᏋᎢᏞᏚ ___. ᎤᎤᏒᏴᏭᏒᏚ ___. ᏍᏥᏒᏒᏚ ___.

ᏌᏋᏴᎯᏚ ___. ᏰᏚᎤᏂᎤᏚ ___. ᏴᏚᎱᏚᏃᎯᏚ ___.

ᏝᏚᎢᏒᏌᏞᏚᎤᏚ ___. ᏴᏚᏒᏣᎢᏚᎤᏚ ___. ᏪᏣᎤᎤᏚᎤᏚ ___.

ᎯᎲᎢᏓ: ᏰᏌᏃᏴᏚᏰᏚ ᏝᏚᎢᎤᏚᏰᏚ ᏁᏚ ᏴᏣᎢᏂ
ᏌᏭᎤ ᎯᏚ ᏌᏭᎤ ᏚᏰ, ᏥᎯᎱᏥ Ꮝ ᏍᏚᎤᏚᏃ ᏋᏚᏰᏚᏋ
ᏭᎤᏋᏃ ᏰᎲᏴᏞᏚ ᏥᏚᎱᏋᏣᏁᏂ ᏗᏭᏁᏭᏍᏴᏚᏃ
ᎯᏚᏒᏚ ᏗᏭᎢᏣᏃ

Ch

ᏯᏗᏇᏗᏠᎯS ΠSᏠhϑƐhᏇhᏠCϚO

ꝁLƐOOƐƐ

L ᏆLƐSOS Πm SOUᏒᏰSOh ꝁSΠ 9ᏰꝁLƐOOƐƐᏇS.

5UOSƐ (ᏓLOO9Ꮢ), 5UƐLƐ (ΠSᏠ)?

Ꮢm75Ϛ, Ꮢm75SƐ (ᏓLOO9Ꮢ)? Ꮢm75ꝁ (ΠSᏠ)? Ꮢm75ϚƐ?

5S? 5SΠϚ? ΠSᏒᏒU? ƐϚ?

5UOSƐ ᏯϚƐS? ᏨhΠᎯS SƐSƐ ᎯᏗ I97ᏇϚ.

5UƐLƐ SΠ5LO? 5UƐϚᏰ SƐꝁ ᏓSᏓ9ƐϚ.

Ꮢm75Ϛ ΠS S7Ꭿ9 ᎯS7Ϛ ᏨhᏆᏆSΠOS? 5S7ᎯSƐ Ᏸm ᏠSΠOh.

Ꮢm75SƐ 95ϚƐSƐᏰϚ ᏋmƐh? ꝁSΠSƐ 95ϚƐSƐᏰϚ ᏠL 779.

Ꮢm75ꝁ 95ϚƐSƐᏰϚ ϚᏠᏠL? ꝁᏗΠꝁ 95ϚƐSƐᏰϚ 5ϚƐᏇS.

5S S7SᏒᏇSƐ ᏓϚ7SΠ? ᏋϚᏋ, ꝁϚ S7ᎯSƐ.

5SΠϚ ᎯS ᏓSᏯSƐ 5UƐϚƐ? ꝁSΠϚ ᎯS ᏓSᏯSƐ ΠS79ᏒIƐO.

ƐϚ ᏇS7ᏇS5SƐ? ᎯSꝁϚƐΠÜƐOS 9Ɛh ᏓSƐhᏓhꝁᏆᎯS.

ΠSᏒᏒU ΠSᏒᏗ ᏨSᏠSƐSƐϚ ᏇS7ᏇSƐᎯS ᎯSΠL? OSꝁΠSOOS ᏋmᏰL.

ᏇᏗᏰϚΠL

5ᏗΠꝁ Ɛ979? (Ɛ9ƐᎯᏗ) 5SΠSƐ Ᏻ979 (ᏋSꝁUƐᏇᏗ)

5ᏗΠꝁ ᏨϚᏇSƐ Ɛ9ƐᎯᏗ? 5SΠSƐ ᏨϚOSᏇSƐ ᏋSꝁUƐᏇᏗ?

5ᏗΠꝁ ᏨϚᏇSƐ ᏓᏗ̈7ꝁϚᏒᏗ 5SΠSƐ ᏨϚOSᏇSƐ OSꝁSᏯSOᏗ?

5SΠSƐ ᏨϚᏇUƐ Ɛ95SƐᎯᏗ? 5SΠSƐ ᏨϚᏇUƐ ᏋSꝁUƐᎯᏗ?

S. <u>ᏁSᏋᏁ9</u> ᏠᎠᏇᏗᎠᏡᎯS ᏁSᏡᏂ9ᏋᏂᏇᏂ̈ᏡSᏋO

ᎯᎠ ᏡᏂᏁ9 ᏍᏌᏁSᏋS ᏡSᏋᏋᏋᏋ: ᏍᏌOSᏋ 9ᏋᏂ ᏍᏌᏋSᏋ.

S. ____ ᏋᏛᏋᏂ? ᏜᏂᏁᎯS ᎯS ᏇᏋᏆ9.

Ɛ. ____ ᎯᏋᏁᎯᏋ? OᎠᏒᏃ9ᏒS SᏋᏂ ᏋOSᏋ.

h. ____ ᏡᏂᏒᏒᏋ? ᏍᏋᏃᎯS ᎯS ᏇᏋᏆ9.

Ꮀ. ____ ᏡᏛᏆᏃSOᏋ? ᏂᏋ ᏇSᏋ.

Ᏻ. ____ ᏜSᏁ9ᏋᎯᏋ? ᏂᏋ ᎯSᏋ

Ч. ____ ᏋᏡᏡᏓ? ᏂᏋ ᏓᏛᏇSᏋ.

Ↄ. ____ ᏜᏋOSOᏋ? I9ᎯSOS ᎯS ᏇᏋᏆ9.

C. ____ ᎯᏛᏡᎯᏋ? I9ᎯSOS ᎯS ᏇᏋᏆ9.

U. ____ ᏓᏋᏋᏋ? ᏂᏋ ᏇᏋᏃ.

SO. ____ ᏇᏋOᎠᏍᏂ? ᏂSᏁSᏋ ᏋOSᏋ ᏍSᏒᏋᏁSOS.

SS. ___ ᏍᎠᏃᏇSᏇᏓ? ᏃSᏜSOᏋ SᏋᏂ ᏋOSᏋ.

SƐ. ___ ᏌOOᏂ ᏇᏋOᎠᏍS? ᏂᏓᏋ ᏡSᏁOSᏋ.

SƐ. ___ SᏡᏇ9 SᏁᏍᏓO? ᏍSᏃᏋI9OᎯS SᏋᏂ ᏋOSᏋ.

Sh. ___ S̈ᏂᏛᏂᏓ ᏇᏋᏆSᏁ? ᏜᏂᏁᎯS SᏋᏂ ᏇSᏓ9ᏋᏋ.

SᎸ. ___ SᏋᏌᏋᏂ ᏠSᏋᏡSᏆᏂ? ᏜᏂᏁᎯS SᏋSᏋ ᏇSᏓ9OᏋ.

ᏋSOOᏋ ᏂSOSᏆ ᏁSᏒS ᏋSOᏁSᏋᏂ ᏲᏋ̈: ᏍᏌᏋS

ᏍᏌᏋᏓ ᏂᏋᏁSᏋᏋ, ᏍᏌᏋS ᎯᏛᏡSᏡᎯᏋ, ᏍᏌᏋᏓ ᏃSᏆᏋᏆ9ᏋᏋ.

Ɛ. ႶSᏋႶ9

ᏗᏁ ႸᏘᏁ9 ᏕႮႶSᏋS ႸSᏃᏃᏣᏃ:

ᏘᏲᏆᏕᏣ (ᏘᏲᏆᏕSᏋ, ᏘᏲᏆᏕᏘ), ႶSᏘᏘႮ, ᏋᏣ.

S. ______ Ꮑ ᏰᏂႸᏂᏋᏣ ᏕᏣᏃᏋS? ᏘSႶᏣᏃ Ꮑ ᏰᏂႸOᏣ OᏁᏗᏣᏃᏗS.

Ɛ. ______ ᏆᏲᏘᏣ ᏋSᏦᏋSᏆᏗᏁ ᏰᏣᏗᏘᏃ? ᏘᏁႶᏘ ᏆᏲᏘᏣ 9ᏰႸ9ᏋᏣႶᏗS.

h. ______ ᏣOSᏋᏰᏣ ᏰSᏋᏆS Ⴘ̈ ᏆᏆ9? ᏕSᏘᏣႶSOS SᏋSᏋ ᏣOSᏋᏰᏣ.

Ɣ. ______ ႶS ᏌᏁᏆSᏋᏣ OᏁᏘᏰ9ᏘS? ᏰᏣOOSᏃႸᏓ SᏋᏣ ႶS ᏌᏁᏆSᏋᏣ.

Ᏼ. ______ ᏓᏲᏌSᏋ ᏕSႶSᏕᏓO? ᏘᏁႶᏘ ᏓᏲᏌSᏋ ᏋSႶSᏋ.

4. ______ ᏓᏲᏌᏋSᏋ ᏃSᏰᏆS? ᏘSႶSᏋ ᏓᏲᏌᏋSᏋ OᏂᏆᏆᏣO.

Ɔ. ______ SᏆᏗSᏋ ႸᏘᏘ ᏕᏣᏃᏋS? ႶSႸᏂ Ⴘ̈ᏘᏘ SᏋᏣᏃ SᏆᏗSᏋ.

C. ______ Ꮛ9Ꮥ9O ᏋᏲᏋᏂ? ᏘSႶSᏋ Ꮛ9Ꮥ9O ᏋSႶSᏋ.

U. ______ Ᏻ9̈Ꮥ9O Ᏼ9ᏃᏗᏁ? ᏘᏁႶᏘ Ᏻ9̈Ꮥ9O OᏂᏆᏆᏣO.

SO. ______ ᏗႮᏃSᏋ ႸᏁᏃᏋSOS ᏕᏣᏃᏋS? SႶᏕᏓO SᏋᏣ ᏗႮ̈ᏃSᏋ.

ᏗᏓႶ9 ᏘSOSᏆ ᏥᏂOᏂႸ

ႸᏘᏘ Ⴘ̈ᏘᏘ ႸᏘᏘ-ᏘS

ႸᏘᏘ SᏋᏣᏃ SᏦᏆ9ᏋᏓᏋ

Ⴘ̈ᏘᏘ SᏋᏣᏃ S̈ᏦᏆ9ᏋᏓᏋ (ᏘSOSᏆ)

C4

h. ΩSȢΩ9

ƎƐh7 ЎΛ79Ƃ

ЋSOSჯSOSΩ ΩSჟh ƎƐhЋ

CƆ

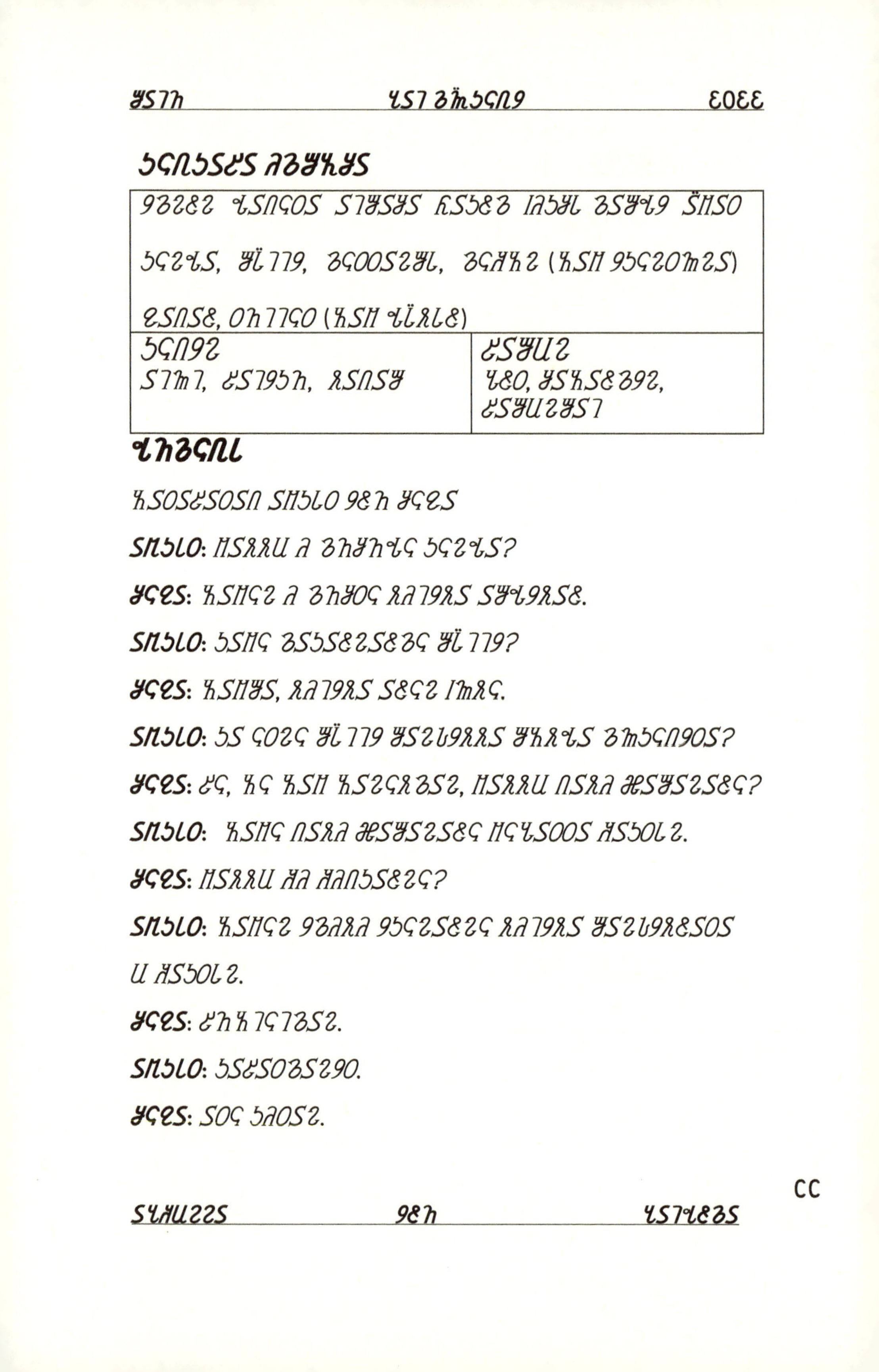

ɔϚᲘɔSƐS ᲘᲒᲧᲥᲧS

9ЪƨƐƨ ᲝSᲘϚOS SᲦᲧSᲧS ᲥSɔƐЪ ᲘᲘɔᲧᲚ ЪSᲧᲝ9 ŠᲘSO ɔϚƨᲝS, ᲧÜᲦᲦ9, ЪϚOOSƨᲧᲚ, ЪϚᲘᲥƨ (ᲥSᲘ 9ɔϚƨOᲦƨS) ƨSᲘSƐ, OhᲦᲦϚO (ᲥSᲘ ᲝÜᲥᲚƐ)

ɔϚᲘ9ƨ	ƐSᲧᲚƨ
SᲦᲦᲦ, ƐSᲦ9ɔh, ᲥSᲘSᲧ	ЧƐO, ᲧSᲥSƐЪ9ƨ, ƐSᲧᲚƨᲧSᲦ

ᲝhЪϚᲘᲚ

ᲥSOSƐSOSᲘ SᲘɔᲚO 9Ɛh ᲧϚƨS

SᲘɔᲚO: ᲘSᲥᲥᲚ Ძ ЪhᲧhᲝϚ ɔϚƨᲝS?

ᲧϚƨS: ᲥSᲘϚƨ Ძ ЪhᲧOϚ ᲥᲘᲦ9ᲥS SᲧᲝ9ᲥSƐ.

SᲘɔᲚO: ɔSᲘϚ ЪSɔSƐƨSƐЪϚ ᲧÜᲦᲦ9?

ᲧϚƨS: ᲥSᲘᲧS, ᲥᲘᲦ9ᲥS SƐϚƨ ᲘᲦᲥϚ.

SᲘɔᲚO: ɔS ϚOƨϚ ᲧÜᲦᲦ9 ᲧSƨᲚ9ᲥᲥS ᲧᲥᲥᲝS ЪᲦɔϚᲘ9OS?

ᲧϚƨS: ƐϚ, ᲥϚ ᲥSᲘ ᲥSƨϚᲥЪSƨ, ᲘSᲥᲥᲚ ᲘSᲥᲘ ᲰSᲧSƨSƐϚ?

SᲘɔᲚO: ᲥSᲘϚ ᲘSᲥᲘ ᲰSᲧSƨSƐϚ ᲘϚᲝSOOS ᲰSɔOᲚƨ.

ᲧϚƨS: ᲘSᲥᲥᲚ ᲰᲘ ᲰᲘᲘɔSƐƨϚ?

SᲘɔᲚO: ᲥSᲘϚƨ 9ЪᲘᲥᲘ 9ɔϚƨSƐƨϚ ᲥᲘᲦ9ᲥS ᲧSƨᲚ9ᲥƐSOS Ლ ᲰSɔOᲚƨ.

ᲧϚƨS: ƐhᲥᲦϚᲦЪSƨ.

SᲘɔᲚO: ɔSƐSOЪSƨ9O.

ᲧϚƨS: SOϚ ɔᲘOSƨ.

ᏰԱᏂԱᏰᎯS ƃSOOԼՌ9ƐᏂᏂᏂᏰƨϚO

19ƸᏂ

ՌSՋՋU ᎯS Ꮭ9590? (ᏑSOOSƨᎯU ᎯS Ꮭ9590)

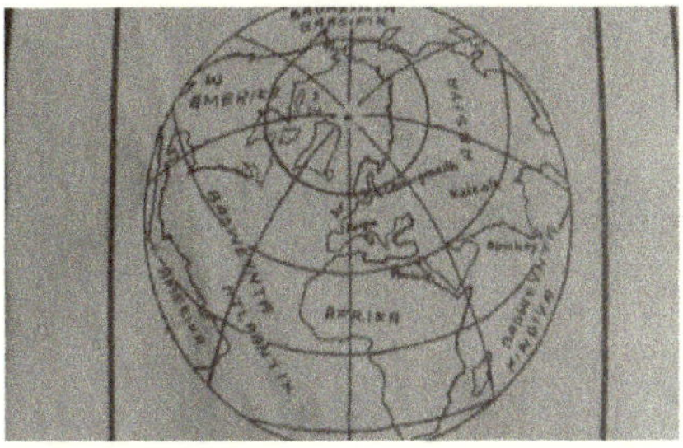

ᏂSƨ ᏑϚ ᏲS7ƐOSO

ᏑSOSƸSOSՈ:

ᏰS7Ꮭ: ՌSՋՋU ᎯS Ꮭ959Ջ?

S7OSƐ: ᏑSՌϚƨ ᎯS 9590 ƃᏲ5ϚՈ9ƐS.

ᏰS7Ꮭ: ՌSՋՋU ᎯS Ɛ9590 5ԱƃᏂSᏂᏓ?

S7OSƐ: ᏑԱՌᏑ ᎯS Ɛ9590 ƃᏑOϚƨ.

ᏰS7Ꮭ: ՌSՋՋU ᎯS Ɛ9590 ᏰᏓᏂᏓ 7?

S7OSƐ: ᏑԱՌᏑ ᎯS Ɛ9590 OᏓƨ5Ϛ7Ꭿ9.

ᏰS7Ꮭ:: ՌSՋՋU ᎯS Ꮭ9590 ƃᏑ ƃϚƨ?

S7OSƐ: ᏑSՌSƐ ᎯS Ꮭ9590 9ƨՋ97Ɛ ƃᎯS.

ՌSᏰ:	5ԱƃᏂSᏂᏓ	ᏑԱՌᏑ ᎯS Ɛ9590 ƃᏑOϚƨ
ᏓᏓOO9Ջ:	ƃᏑ ƃϚƨ	ᏑSՌSƐ ᎯS Ꮭ9590 9ƨՋ97Ɛ ƃᎯS

CU

ԻSOSȸSOSՈ

ՋÜՈՈԼ 9Ƹћ SՈՏԼO

ՋÜՈՈԼ 9Ƹћ SՈՏԼO SƸՇ ՀՈ ՀՈՈՏSƸ ՏSՋՇՈSOS ՋՇՈՀSȣƸћ U OSՈՀS Ƃm̃ՏՇՈ9ƸS.

SՈՏԼO: ՇSȣSO ՏS ՇUՋԿSƸ?

ՋÜՈՈԼ ȸՇ, ՇSȣSO SƸՇՇ ՇUՋSƸ.

SՈՏԼO: ՈSՋՋU ՀS Կ9Տ9O?

ՋÜՈՈԼ ԻSՈՇՇ ՀS 9̈Տ9O ԻSOOSՇՀS 9ՇՋ97ƸƂՀS.

SՈՏԼO: ՈSՋՋU ՀS OԼՋՋSՇ ԿSȸSƸ ԻSOOSՇՀS 9ՇՋ97ƸƂՀS?

ՋÜՈՈԼ ԻSՈՇՇ ՀS OԼՋՋSՇ ՇSȸSƸ ՏSՋՇՈSOS ՈћՇOћՇ.

SՈՏԼO: ՈSՋՋU ՀS OԼՋՋSՇ ԿSȸSƸ ՏSՋՇՈSOS ՈћՇOћՇ?

ՋÜՈՈԼ ԻSՈՇՇ ՀS OԼՋՋSՇՇSȸSƸ OԼՋՏSOS ՀSՏOԼՇ.

SՈՏԼO: ՈSՋՋU ՀS OԼՋՋSՇ ԿSȸSƸ ՀSՏOԼՇ?

ՋÜՈՈԼ ԻSՈՇՇ ՀS OԼՋՋSՇ ՇSȸSƸ ՈՇԿSOOS ՀԼՇԿ9Շ ԿћԻՇ.

ՋÜՈՈԼ ՈSՋՋU OԼՋՋSՇ ԿћȸSƸ S̈O9ՋՈ?

SՈՏԼO: SՇ9ՋՈ ԻSՈՇ OԼՋՋSՇ ՇSȸSƸ ՏSՋՇՈSOS ՋՇՈՀSȣƸћ.

ՋÜՈՈԼ ՈSՋՋU ՀS OԼՋՋSՇ ԿSȸSƸ ՋՇՈՀSȣƸћ?

SՈՏԼO: ԻSՈՇՇ ՀS OԼՋՋSՇՇSȸSƸ ՈՇԿSOOS ՋS7Ƃm7.

ՋÜՈՈԼ: ԻՇ ԿԼԼՋԼƸ ՋS7Ƃm7, ԻՇ ՈՇԿSO ՃՈ7Ոm̃Շ.

SՈՏԼO:: ԻՇ ՏSȸSOƂSՇ ԿSȸSƸ, ՀՈ Ƃm ԼSԻћԻ ՏSՋՇՈSOS.

U0

𐓆. **𐓁𐓆𐒷𐓁𐓍** 𐒰𐒰𐓁𐒰𐓇𐒰𐓆 𐓓𐓆𐓂𐓂𐒿𐓁𐓍𐒷𐒹𐒶𐒹𐓇𐓄𐓏𐓂 𐒺𐒿𐓂𐓂𐒷𐒵𐓆𐓊𐓏𐓄 𐓊𐓀𐓓 𐒰𐒰 𐓐𐒹𐓈𐓆𐓄 𐒰𐓆 𐒻𐓆𐒺𐓏𐓇.

𐓆. 𐒺𐓏 𐒵𐓆𐓁𐓆𐒷 𐒵𐓆𐒼𐓆𐓇𐓏𐒼𐒰? 𐒵𐓆𐒼𐓆𐓇𐓆𐒷𐒼𐒰 𐒺𐓏 ________

𐒷. 𐒺𐓏 𐒵𐓆𐓁𐓆𐒷 𐒵𐓆𐒼𐓆𐓇𐓆 𐓏𐓇𐓇𐒿𐓊𐓏? ____________

𐒹. 𐒺𐓏 𐒵𐓆𐓁𐓆𐒷 𐒵𐓆𐒼𐓆𐓇𐓆 𐓊𐓀𐒷𐒹𐓂𐓏? ___________

𐓎. 𐓁𐓆𐒼𐒼𐓎 𐒰𐓆 𐒷𐓃𐒵𐓍𐓂 𐓒𐓏𐓈𐓆𐓁? ___________

𐒷. 𐓁𐓆𐒼𐒼𐓎 𐓂𐒿𐒼𐒼𐓆𐓄 𐒶𐓆𐓊𐓆𐒷 𐓁𐓆𐓁𐒷𐒵𐓆? _____________

𐓒. 𐓁𐓆𐒼𐒼𐓎 𐓂𐒿𐒼𐒼𐓆𐓄 𐒷𐓆𐓊𐓆𐒷 𐓆𐓁𐒵𐒿𐓂? _____________

𐓆𐓄𐓍𐒼𐒰:	𐒺𐓆𐓁𐓏𐓄 𐓂𐒿𐒼𐒼𐓆𐓄 𐓄𐓆𐓊𐓆𐒷 𐓁𐒹𐓄𐓂𐒹𐓄
𐓆𐓂𐓍𐒼𐒰:	𐒺𐓆𐓁𐓏𐓂 𐓂𐒿𐒼𐒼𐓆𐓄 𐒶𐓆𐓊𐓆𐒷 𐓁𐒹𐓄𐓂𐒹𐓄.
𐓍𐓓𐓆𐒼𐒰:	𐒺𐒰𐓁𐒺 𐓂𐒿𐒼𐒼𐓆𐓄 𐒷𐓆𐓊𐓆𐒷 𐒼𐓏𐓁𐒰𐓆𐓇𐒷𐒹.
𐓍𐒷𐓆𐓂𐒰:	𐒺𐓆𐓁𐓆𐒷 𐓂𐒿𐒼𐒼𐓆𐓄 𐒶𐓆𐓊𐓆𐒷 𐒹𐓓𐓁𐒹.
𐓃𐓂𐓍𐓄𐒰𐒰:	𐒺𐓆𐓁𐓏 𐓂𐒿𐒼𐒼𐓆𐓄 𐒶𐓍𐓊𐒷𐓄 𐓄𐓆𐒷𐓈𐓀𐓇𐓍.
𐓍𐒷𐓆𐒼𐒰:	𐒺𐓆𐓁𐓆𐒷 𐓂𐒿𐒼𐒼𐓆𐓄 𐒷𐓍𐓊𐒷𐓄 𐓁𐓆𐒵𐓆𐓈.
𐓃𐓄𐓄𐓆𐒼𐒰:	𐒺𐓆𐓁𐓆𐒷𐓄𐒰 𐓂𐒿𐒼𐒼𐓆𐓄 𐓄𐓆𐓊𐓆𐒷 𐓇𐓆𐓁𐒺𐓁𐓆.
𐓆𐓄𐓄𐓆𐒼𐒰 :	𐒺𐓆𐓁𐓆𐒷𐓄𐓄𐒰 𐓂𐒿𐒼𐒼𐓆𐓄 𐓄𐓆𐓊𐓆𐒷 𐓓𐓀𐒵𐓏𐓁𐓍𐒷𐓆

US

ᏯᏗᏂᏗᏑᏘS ᏚᏩSᎢ9ᏋhᏂᏲᏑᏃᏩO

ᏩSᏁ

ᏂSᏁᏘS ᏘᏗ I9ᎢS ᏃᏌᏘhᏁSᎢᏋᎢᏲᏋ9ᏘS ᏑᏑᏜᏜᏩᏃ

ᏂSᏁ/ᏂSᎢᎢᏋᏃᏁᏓᏋ	ᏂSᏁ/IᏲᏜᏓ	ᏂSᏁ/ᏂᏓᏜᏓᏋ
S. SᏋSᏋ	SᏋᏩᏃSᏋᏩ	S̈ᏋᏩ
Ɛ. ᏑSᏲᏂ9	ᏑSᏲᏂ9 ᏋSᏋS	ᏑS̈ᏲᏂ9
h. ᏑSᏁᏁSᏃ	ᏑSᏁᏁSᏐSᏋS	ᏑS̈ᏁᏁSᏃ
Ɣ. ᏂSᏁ9	ᏂSᏁ9ᏃSᏋS	ᏂS̈Ꮑ9
Ƹ. Ꮑ9Ꭲ	Ꮑ9ᎢSᏋS	Ꮑ9̈Ꭲ
Կ. OSᏜᏩᏁ	OSᏜᏩᏁSᏐSᏋS	OS̈ᏜᏩᏁ
Ɔ. Ꮣ9Ᏼ	Ꮣ9ᏴSᏋS	Ꮣ9̈Ᏼ
C. ᏓᏑᏐh	ᏓᏑᏐSᏃSᏋS	ᏓᏑᏐSᏋ
U. OᏑᏁ	OᏑᏁSᏋS	OᏑᏁᏁ
SO. ᏜᏩ̈Ꭲ	ᏜᏩ̈ᎢSᏋS	ᏜᏩ̈ᎢᎢ
SS. ᏜSᏁ9	ᏜSᏁSᏋS	ᏜS̈Ꮑ9
SƐ. Ᏸ9	Ᏸ9ᏋSᏋS	Ᏸ9̈
Sh. ᏯᏗᏃ	ᏯᏗᏃSᏋS	ᏯᏗ̈Ᏺ
SƔ. ᏐSᏃᏋᏃ	ᏐSᏃᏋᏃSᏋS	ᏐS̈ᏃᏋᏃ
SƸ. ᏘSᏋO9	ᏘSᏋO9ᏃSᏋS	ᏘS̈ᏋO9̈
SԿ. ᏁSᏋSᏑ	ᏁSᏋᏩᏃSᏋS	ᏁS̈ᏋᏩ
SƆ. ᏃSᏴh	ᏃSᏴSᏃSᏋS	ᏃSᏴᏓᏋ
SC. 9ᏁᏩᏁ9	9ᏁᏩᏁ9ᏃSᏋS	9̈ᏁᏩᏁ9
SU. 9ᏐhᏑ	9ᏐᏩᏃSᏋS	Ᏻ9̈Ꮠ9O
ƐO. ᏴSᏐᏌ	ᏴSᏐSᏋᏃSᏋS	ᏴSᏐᏌ̈

ᏜSᏁ:

> ᏤSᏁᏂᏓ: ᏜSᏁᎯᎵ ᏂᏩ ᏥSᏋᏌ ᏋSOSᏁᎯS ᎯS ᏐᏭO SᏋ.
>
> ᏂᏗᏁᏂ ᏌSOOᏌᏋᏩ ᏂSᏁ ᎯSᏰᏜS Ᏺ ᏁS ᏜSᏁh SᏐS ᏁS ᏰSᏐᏌᏋh.
>
> ᏜSᏁᎯS ᏁS'ᏩᏤᏜᏋᏰ ᏋSOSᏁᎯᎵ ᏐSᏌᏤh ᏌᏂᏁS ᏐS ᏋᏌᏁSᏤ ᎯSᏆh.

ᏜᏗᏰᏩᏁᏓ: ᏜSᏁᎯS 9Ꮛh ᏐSᏒSᏌᎵᏋᏩᏁᎯS 9ᏰᎯᎵ ᏁᏭᏆᎯᏲOS.

ᏜSᏁ ᏩᏤ ᏁS ᏋᏌᏒ9Ꮴ ᏁᏭᏁᏁ9ᏒᏂ ᏓSᏌSᏋ.

S. SᏤ9ᏒᎵ ᏂᏩ ᏌSᏁᏁSᏐSᏋᏩ. SᏤ9ᏒᎵ ᏂᏩ ᏌSᏁᏁSᏐSᏋ.
Ɛ. SᏤ9ᏒᎵ ᏂᏩ ᏁᏭᏆSᏋᏩ ᏜSᏆSᏰᎯS. SᏤ9ᏒᎵ ᏂᏩ ᏁᏭᏆSᏋ ᏜSᏆSᏰᎯᏋ.

h. SᏤ9ᏒᎵ ᏂᏩ ᏓᏂᏐSᏤᏋᏩ. SᏤ9ᏒᎵ ᏂᏩ ᏓᏂᏤᏜSᏋ.
Ծ. SᏤ9ᏒᎵ ᏂᏩ Ꮣ9ᏰSᏋᏩ. SᏤ9ᏒᎵ ᏂᏩ Ꮣ9ᏰSᏋ ᏒᎵᏆ9ᏒᏋ.

Ꮄ. SᏤ9ᏒᎵ ᏂᏩ 9ᏐᏩᏤSᏋᏩ. SᏤ9ᏒᎵ ᏂᏩ 9Ꮠ9O.
Ꮝ. SᏤ9ᏒᎵ ᏂᏩ ᏌᎵᏤSᏋᏩ Ꮛ9Ꮑ9ᏌᎯᏋ. SᏤ9ᏒᎵ ᏂᏩ ᏌᎵᏤSᏋ Ꮛ9Ꮑ9ᏌᎯᏋ.

Ↄ. SᏤ9ᏒᎵ ᏂᏩ ᏤSᏰSᏤSᏋᏩ. SᏤ9ᏒᎵ ᏂᏩ ᏤSᏰᏜSᏋ.
C. SᏤ9ᏒᎵ ᏂᏩ ᏥSᏤᏋᏤSᏋᏩ SᏤ9ᏒᎵ ᏂᏩ ᏥSᏤᏋᏤSᏋ.
U. SᏤ9ᏒᎵ ᏂᏩ ᏰSᏐSᏋᏤSᏋᏩ. SᏤ9ᏒᎵ ᏂᏩ ᏰSᏐᏌᏋᏓᏋ.

SO. SᏤ9ᏒᎵ ᏂᏩ OᏂᏁSᏋᏩ. SᏤ9ᏒᎵ ᏂᏩ OᏂᏁSᏋ

OᏂᏁ9O: ᏰhᏌhO OSᏒᏩᏁ ᏁᏲ ᏩOSᏋ.
OᏂᏁᏁ9O: ᏰSᏜSᏆ ᏋSᏂSOS ᏁS ᏐSᏆSᏋh.

ჲᲐᲒGՈᏓ: ƸSՈᲐS 9Ɛռ ᲆSᲒSᲧᲐƐGՈᲐS 9ზᲐᲐ Ո97ᲐՠOS

ƸSՈ GԸ ՈS ƐUᲒ9Ը Ո9ՈՈ9Ი Ꮣ SᲧSƐ

ƸSՈ IՠᲒᏓ	ƸSՈ ჲᏓSᏓƐ
S. SO9ᲒᲐ ᲒGO ᲧSՈՈSᲆSƐზG.	SO9ᲒᲐ ᲒGO ᲧSՈՈSԸჲSƐ.
Ɛ. SO9ᲒᲐ ᲒGO Ո97SƐზG.	SO9ᲒᲐ ᲒGO Ո9̈7ჲSƐ.
h. SO9ᲒᲐ ᲒGO ᏓᲒᲆSԸSƐზG.	SO9ᲒᲐ ᲒGO ᏓᲒᲆSჲSƐ.
Ծ. SO9ᲒᲐ ᲒGO Ꮣ9ზSƐზG.	SO9ᲒᲐ ᲒGO Ꮣ9̈ზჲSƐ
Ɛ. 9ƐSOᲐ ᲒᏓƐ 9ᲆGԸSƐზG.	9ƐSOᲐ ᲒᏓƐ ჲ9ᲆ90.
Կ. 9ƐSOᲐ ᲒᏓƐ ᲧᲐԸSƐზG.	9ƐSOᲐ ᲒᏓƐ ᲧᲐ̈Ըჲ SƐ.
Ͻ. 9ƐSOᲐ ᲒᏓƐ ԸSზSზSƐზG.	9ƐSOᲐ ᲒᏓƐ ԸSზSჲSƐ.
C. 9ƐSOᲐ ᲒᏓƐ ᲰSԸƐԸSƐზG.	9ƐSOᲐ ᲒᏓƐ ᲰS̈ԸƐԸჲSƐ.
U. 9ƐSOᲐ ᲒᏓƐ ზSᲆSƐԸSƐზG.	9ƐSOᲐ ᲒᏓƐ ზSᲆSƐზSƐ.
SO. 9ƐSOᲐ ᲒᏓƐ OᲒ̈ՈSƐზG.	9ƐSOᲐ ᲒᏓƐ OᲒ̈ƐSƐ.

ƸSՈᲐS 9Ɛռ Ո9ՈՈ9ᲒᲒ ᏓSᲧSƐ SᲆS ᏓSᲧSƐռ.

SԸ9ᲒᲐ ᲒGԸ ᲐᲐՈS ᲧSՈՈSᲆSƐG ᲆGԸჲS.
SԸ9ᲒᲐ ᲒGԸ ᲐᲐՈS ᲧSՈՈSᲆSƐ ƐSՈSƐ.

SԸ9ᲒᲐ ᲒGԸ Ո97SƐG ƸS7SზᲐS ᲆGԸჲS
SԸ9ᲒᲐ ᲒGԸ Ո97SƐ ƸS7SზᲐƐ ՈSՈSƐ.

SO9ᲒᲐ ᲒGO ᲧSՈՈSᲆSƐზG ᲆGԸჲS.
SO9ᲒᲐ ᲒGO ᲧSՈՈSԸჲSƐ ƐSՈSƐ.
9ƐSOᲐ ᲒᏓƐ Ո97SƐზG ƸS7SზᲐS ᲆGԸჲS.
9ƐSOᲐ ᲒᏓƐ Ո97ჲSƐ ƸSჲSზᲐƐ ƐSՈSƐ.

lmՋՂh ՂՋՋSՇ

ᎯᏝᏁ9 ᏑSᏁ (Ꮟ9Ꮘ) ՋSOSᏆ

SՇ9ՋᏗ ՋᏗᏆ9ՋS ՋՇ Ꮟ9ᏘSᎦՇ. SՇՇSՋᏗ ՋᏗᏆ9ՋS ՋՇՇՇᏗ Ꮟ9ᏘՇՇ.

SO9ՋᏗ ՋᏗᏆ9ՋS ՋՇO Ꮟ9ᏘՂՇ. Ö09ՇᎯᏗ ՋᏗᏆ9ՋS ՋՇO Ꮟ9ᏘՂՇՇ.

9ᏘSՋᏗ ՋᏗᏆ9ՋS ՋՇ Ꮟ9ᏘՂՇ. 9ᎦSՋᏗ ՋᏗᏆ9ՋS ՋᏝᎦ Ꮟ9ᏘᏘՇՇ.

9ᎦSOᏗ ՋᏗᏆ9ՋS ՋᏝᎦ Ꮟ9ᏘՂՇ. ÖՇՇSՋᏗ ՋᏗᏆ9ՋS ՋᏝᎦՇᏗ Ꮟ9ᏘՇՇ.

ᎯÏᏝᏁ9 ᏑSᏁ (Ꮲ9Ꮖ) ᎯSOSᏆ

SՇ9ՋᏗ ՋᏗᏆ9ՋS ՋՇ Ꮲ9Ꮖ Շ. SՇՇSՋᏗ ՋᏗᏆ9ՋS ՋՇՇՇᏗ Ꮲ9ᏆSᎦՇՇ

SO9ՋᏗ ՋᏗᏆ9ՋS ՋՇO Ꮲ9ᏆՂՇ. Ö09ՇᎯᏗ ՋᏗᏆ9ՋS ՋՇO Ꮲ9ᏆՂՇՇ.

9ᏘSՋh ՋᏗᏆ9ՋS ՋՇ Ꮲ9ᏆՇ. 9ᎦSՋᏗ ՋᏗᏆ9ՋS ՋᏝᎦ Ꮲ9ᏆՇՇ.

9ᎦSՋᏗ ՋᏗᏆ9ՋS ՋᏝᎦ Ꮲ9ᏆՂՇ. ÖՇՇSՋᏗ ՋᏗᏆ9ՋSՋᏝᎦՇᏗ Ꮲ9ᏆՇՇ.

ᎯÏᏝᏁ9 (ᏘSᏕU) ՋSOSᏆ (ᏘSᏕU)

SՇ9ՋᏗ ᏠᏗՇՂh ՋՇ ᏘSᏕUᎦՇ. ᏘSᏕSᎦՇՇ. SՇՇSՋᏗ ᏠᏗՇՂh ՋՇՇՇᏗ

SO9ՋᏗ ᏠᏗՇՂh ՋՇO ᏘSᏕᏝᎦᏘՇ. ᏘSᏕSᎦᏘՇՇ. Ö09ՇᎯᏗ ᏠᏗՇՂh ՋՇO

9ᏘSՋᏗ ᏠᏗՇՂh ՋՋ ᏘSᏕUᎦՇ. 9ᎦSՋᏗ ᏠᏗՇՂh ՋᏝᎦ ᏘSᏕUᎦՇՇ.

9ᎦSOᏗ ᏠᏗՇՂh ՋᏝᎦ ᏘSᏕᏝᎦՇ. ᏘSᏕSᎦՇՇ. ÖՇՇSՋᏗ ᏠᏗՇՂh ՋᏝᎦՇᏗ

L7ՈԑSOS ƷԱՋSԑҀԑS

ЋҀ	ЗҀ
Sԑ9ՋԱ 7Ťԏ9 ЋҀԑ ЯԱԑSԑҀ.	Sԑ9ՋԱ 7Ťԏ9 ЗҀԑ ЯԱԑSԑҀ.
SO9ՋԱ 7Ťԏ9 ЋҀO ЯԱԑSԑƷҀ.	SO9ՋԱ 7Ťԏ9 ЗҀO ЯԱԑSԑƷҀ.
9ƷSՋԱ 7Ťԏ9 ЋҀ ЯԱԑSԑҀ.	9ƷSՋԱ 7Ťԏ9 ЗЋ ЯԱԑSԑҀ.
9ԑSOԱ 7Ťԏ9 ЋLԑ ЯԱԑSԑƷҀ.	9ԑSOԱ 7Ťԏ9 ЗLԑ ЯԱԑSԑƷҀ.
ÿԑԑSՋԱ 7Ťԏ9 ЋLԑԑԱ ЯԱԑSԑԑҀ.	ÿԑԑSՋԱ 7Ťԏ9 ЗSԑԑԱ ЯԱԑSԑԑҀ.
SԑԑSՋԱ 7Ťԏ9 ЋҀԑԑԱ ЯԱԑSԑԑҀ	SԑԑSՋԱ 7Ťԏ9 ЗSԑԑԱ ЯԱԑSԑԑҀ
ÿO9ԑՋԱ 7Ťԏ9 ЋҀO ЯԱԑSԑƷҀԑ 9ԑSՋԱ 7Ťԏ9 ЋLԑ ЯԱԑSԑҀԑ	ÿO9ԑՋԱ 7Ťԏ9 ЗҀO ЯԱԑSԑƷҀԑ 9ԑSՋԱ 7Ťԏ9 ЗLԑ ЯԱԑSԑҀԑ

ЋҀ, ЋҀԑ, ЋҀO, ЋLԑ, ЋLԑԑԱ, ЋҀԑԑԱ.

ԏԱƷҀՈL:

ƽҀԑԏS ЋҀ lԱƽЯL. ЗĽ 779 ЋҀ ƷSЗԏ9

ՈSƽS7 ЋҀ ƽSՋҀՈЋ. ƷŤƽҀՈ9ԑS ЋҀ ЋSOOSԑ ЋLԑԑ.

ԿҀOԱƽЋ ЋҀ ՋSЗS7 LÜ7. lҀƽSЯ ЋҀ ЋԑՈ ՋҀЗSԑ.

ƽS ƷS7ԑ7 ЗҀ ƽ9OOҀƷ? ԶҀԶ, ԏҀƷ ЋҀ ƷS7ԑ7.

ƽS ƷŤƽҀՈ9 ЗҀ ԑ9ԑՋҀԑ? ƽSԑ, ЋҀ ՋÜԑԑҀԑ.

ƽS ԑSЗSO ЗҀ? ԶҀԶ, ЋҀ ԑSЗSO.

ƽS ՋÜO ЗҀ? ԶҀԶ, ЋҀ ՋÜO.

S. ՈSƐՈ9 ƳՁՂՁƷՁS SϞSƖ9ƐhՂhƷƨϚO

SS-ՁS ƛUƖ U ƈmƂ ՁՁ ƜhƖSƨ, ƛSՈϚ ՈSƛՁ ƷƛՈ9ƨ ՁSƖϚ ƖSƆƆϚƨ -ƛϚ-.

ƆSƛSƳՁƐϚՈՁՁ ƛՁՈƛ ƂSƷSƷϚ 9ƨ ϞSՈՁS ՁS OSƨƷUƐS 9ƂƷLOOLՈh.

ƂՁƛSƐϚƨՁ 9ƐSƨS SƂSՈՁmOՁ ƛՁՈƛ ƐSƈSƐ -ƛϚ-. ƛSƐƨS 9ƂƷLOOLՈϚƨ:

ƛϚƨ, ƛϚO, ƛLƐ, ƛϚƨƨՁ, ƛLƐƨՁ.

SƨƖƛՁ ƛϚƨ ƂSƆUƐLƐ ƖmՂ9.

S. 9ƐSƛՁ ______ ƂSƆUƐUƨ ƖmՂ9.

Ɛ. SƨƨSƛՁ ______ ƂSƆSƐƨSƐ ƖmՂ9.

h. 9ƐSOՁ ______ ƂSƆSƐƂSƐ ƳSƨlUՈh.

Ɣ. SƨƖƛՁ ______ ƳՁƨSƐ ƖmՂ9.

Ɛ 9ƂSƛՁ ______ ƂSƆUƐLƐ ƖmՂ9.

Ч. SO9ƛՁ ______ ƂSƆSƐƂSƐ ƳSƨlUՈh.

Ɔ ÿƨƨSƛՁ ______ ƳՁƨƨSƐ ƖmՂ9.

C. SƨƖƛՁ ______ SƖՁSƐ Ո9ƷϚՈ.

U. 9ƂSƛՁ ______ SƖՁSƐ Ո9ƷϚՈ.

SO. 9ƐSOՁ ______ SƖSƛՂSƐ Ո9ƷϚՈ.

SS. ÿƛ9ƨՁՁ ______ SƖSƛՂUƨ Ո9ƷϚՈ.

2. ᏁᏕᏋᏁᎩ

ᎯᎠ ᏧᏂᎷᎩ ᏓᏌᏁᏕᏋᏕ ᏧᏕᏖᏖᏣᏓ ᏱᎠᏒᏕᏋᏣᏋᏣᏖ;

ᏧᏣᏖ, ᏧᏣᎤ, ᏧᏂ, ᏧᏝᏋ, ᏧᏣᏖᏖᎠ,

1. ᎩᏱᏕᏒᎠ ᏧᏂᏒ ___ ᏕᏂᏆᎩᏖᏕᏋᏣ.

2. ᎩᏱᏕᏒᎠ ᏧᏂᏒ ___ ᏕᏂᏆᎩᏖᏕᏋᏣ.

3. ᏕᏖᏖᏕᏒᎠ ᏒᎠᏆᎩᏒᏋ ___ ᏗᏫᏒᏖᏣ.

4. ᎩᏱᏕᏒᎠ ᏋᎩᏁᎩᏧ ___ ᎯᏕᏆᎩᏖᏕᏋᏣ.

5. ᎩᏋᏕᎤᎠ ᎤᎠᏒᏱᎩ ___ ᏣᎤᏕᏋᏱᏣ.

6. ᏕᏖᎩᏒᎠ ᏋᏕᏤᏂ ___ ᏣᎤᏕᏋᏣ.

7. ᏕᏖᎩᏒᎠ ᏧᏕᏁᎩ ᎩᏋᏂ ᏓᎠᏱᏡᏕᏂᏓ ___ ᏣᎤᏕᏋᏣ.

8. ᏕᏖᎩᏒᏕ ᎩᏋᏂ ᏋᏫᏋᏂ ᏧᎠᏖᏡᏂ ___ ᏱᏕᏓᏕᏋᏖᏕᏋᏖᏣ.

9. ᏕᏖᎩᏒᏕ ᎩᏋᏂ ᏕᎤᎩᏒᏕ ᏧᎠᏖᏡᏂ ___ ᏧᏞ ᏆᏆᎩ ᎯᏕᏆᎩᏖᏕᏋᏖᏣ.

10. ᏕᎤᎩᏒᎠ ᏋᏕᎤᎤᏕ ᏓᏕ ᏓᏋᏱ ___ ᏱᏕᏓᏕᏋᏖᏕᏋᏱᏣ?

11. ᎩᏋᏕᎤᎠ ᏋᏕᎤᎤᏕ ᏧᏕᏖᏗᏌᏁᏂ ___ ᎤᎠᏧᏕᏋᏱᏣ.

ᏓᏕᎻᏣᎤ: ᎩᏆᏧᏕᎤ ᏂᏝᏋᏖ ᏫᏗᏫᏖᏋᏕᎤᏕᏋᏕ ᏁᏕᏒᎠ ᏡᏂᏁᏂ ᎩᏋᏂ ᏂᎩᎻᏋ ᏁᏕ ᏓᎩᎤ ᏕᏋ.

h. ∩Sℰ ∩9

ℋΛ ǮħΠ9 ↄU∩SƸS ǮSɛɛϚɛ ꞭS∩ Im̈ℛS SↄS ʋ9Ʒ9 Om̈ɛS.

(ƷΛɛ) Sɛ9ℛΛ 7m̈Ꞁ9 ǮϚɛ ƷΛɛSℰϚ. SO9ℛΛ 7m̈Ꞁ9 ǮϚO ƷΛɛSℰɞϚ

(ϚO) Sɛ9ℛΛ ℛΛ79ℛS ǮϚɛ ____. SO9ℛΛ ℛΛ79ℛS ǮϚO______.

(ƕ7ƕO) Sɛ9ℛΛ ħϚɛ _____. SO9ℛΛ ħϚO ____.

(ɛSɞƕ) Sɛ9ℛΛ ħϚɛ _____. SO9ℛΛ ħϚO _____.

(ƏƕƕƎ7) Sɛ9ℛΛ ħS7ƏSO ǮϚɛ ____. SO9ℛΛ ħS7ƏSO ǮϚO _____.

(ƏSɛℰɛ) Sɛ9ℛΛ ħSΠ ǮϚɛ ____. SO9ℛΛ ħSΠ ǮϚO _____.

(Sƙ79) Sɛ9ℛΛ ǮħR ǮϚɛ _____. SO9ℛΛ ǮħR ǮϚO ______.

(ƷSǮ) Sɛ9ℛΛ ƷϚɛƕ ǮϚɛ ____. SO9ℛΛ ƷϚɛƕ ǮϚO _____.

(ɞUΠƕ) Sɛ9ℛΛ ƷϚħS ǮϚɛ ___. SO9ℛΛ ƷϚħS ǮϚO______.

(ǮS∩∩Sɛ) Sɛ9ℛΛ Ǯʋ̈ 779 ǮϚɛ ____. SO9ℛΛ Ǯʋ̈ 779 ǮϚO ____.

(Ꞁℰ79) Sɛ9ℛΛ ƷϚħS ǮϚɛ _____. SOS9ℛΛ ƷϚħS ǮϚO ____.

(9ↄƕħ) Sɛ9ℛΛ ƷϚħS ǮϚɛ _____. SO9ℛΛ ƷϚ̈ħS ǮϚO ____.

ꞭS∩ ꞭS77ℰɛ∩Uℰ	ꞭS∩ ꞀUℛUℰ	ꞭS∩ ꞭS77ℰɛ∩Uℰ	ꞭS∩ ꞀUℛUℰ
ϚO	Ϛ̈O	ɛSɞƕ	ɛS̈ɞSℰ
ƕ7ƕO	ƕ̈7ƕO	Əƕ7	Əƕ̈7
Sƙ79	S̈ƙ79	ƏSɛℰɛ	ƏS̈ɛℰɛ
ƷSǮ	ƷS̈Ǯ	ɞUΠƕ	ɞUΠSℰ
ǮS∩∩Sɛ	ǮS̈∩∩Sɛ	Ꞁℰ79	Ꞁℰ̈79
9ↄƕħ	ℰ9̈ↄ9O		

Ծ. ՈSƐՈ9

ƛɑ ЗҞՈ9 ɔUՈSȣS ЗSƸϚƸ ᒐSՈ ᒧm̃ȣS SɔS Ն9З9 Om̃ƸS.

(ЗɑƸ) SƸƸSȣɑ ℸm̃ᒐ9 ЗϚƸ ЗɑƸSƐƸϚ. Ö09Ƹƛɑ ℸm̃ᒐ9 ЗϚO ЗɑƸSƐƷϚƸ

(ϚO) SƸƸSȣɑ ȣɑℸ9ȣS ЗϚƸ ___. Ö09Ƹƛɑ ȣɑℸ9ȣS ЗϚO ___.

(hℸhO) SƸƸSȣɑ ȣɑℸ9ȣS ЗϚƸ ɑ ___. Ö09Ƹƛɑ ȣɑℸ9ȣS ЗϚO ɑ ___.

(ƸSƷh) SƸƸSȣɑ ȣɑℸ9ȣS ЗϚƸ ƛɑ ___. Ö09Ƹƛɑ ȣɑℸ9ȣS ЗϚO ƛɑ ___.

(Жhℸ) SƸƸSȣɑ ҞSℸЖSO ЗϚƸ ___. Ö09Ƹƛɑ ҞSℸЖSO ЗϚO ___.

(ЖSƸƐƸ) SƸƸSȣɑ ҞSՈ ЗϚƸ ___. Ö09Ƹƛɑ ҞSՈ ЗϚO ___.

(SҞℸ9) SƸƸSȣɑ ЗҞ̈ȣ ЗϚƸ ___. Ö09Ƹƛɑ ЗҞ̈ȣ ЗϚO ___.

(ЗSЗ) SƸƸSȣɑ ЗϚƸh ЗϚƸ ___. Ö09ȣɑ ЗϚƸh ЗϚO ___.

(ƷUՈh) SƸƸSȣɑ ЗϚҞS ЗϚƸ ___. Ö09Ƹƛɑ ЗϚҞS ЗϚO ___.

(ЗSՈՈSƸ) SƸƸSȣɑ ЗÜℸℸ9 ЗϚƸ ___. Ö09Ƹƛɑ ЗÜℸℸ9 ЗϚO ___.

(ᒐƐℸ9) SƸƸSȣɑ ЗϚҞS ЗϚƸ ___. Ö09Ƹƛɑ ЗϚҞS ЗϚO ___.

(9ɔhҞ) SƸƸSȣɑ ЗϚ̈ҞS ЗϚƸ ___. Ö09Ƹƛɑ ЗϚ̈ҞS ЗϚO ___.

ᒐSՈ ᒐSℸℸƐƸՈUƐ	ᒐSՈ ᒐUȣUƐ	ᒐSՈ ᒐSℸℸƐƸՈUƐ	ᒐSՈ ᒐUȣUƐ
ЗɑƸ	Зɑ̈Ƹ	ƷSɔU	ƷSɔÜ
ƛUƸ	ƛÜƸ	ȣU	ȣÜ
ȣUՈ	ȣÜՈ	ȣSՈ	ȣS̈Ո
9ՈϚՈ9	9̈ՈϚՈ9	ᒐSՈ9	ᒐS̈Ո9
ᒧSЗ9	ᒧS̈З9	З9Ո9	З9̈Ո9

Ɛ. ՌSƐՌ9

ՃԹ ՊԻՒ9 ͻՍՌSƐS ՊSƐƐϚƐ ԿSՌ ՂԼ̈ՋԼƐ

ՎԹƐ: 9ƷSՋԹ ƐSՌSƐ ՊԻ ՎԹ̈ƐSƐ. 9ƐSOԹ ƐSՌSƐ ՊԼƐ ՎԹ̈Ɛ ՂԼSƐ.

(ϚO) 9ƷSՋԹ ƐSՌSƐ ՊԻ______. 9ƐSOԹ ƐSՌSƐ ՊԼƐ______.

(ԻΊԻO) 9ƷSՋԹ ՒSՌSƐ ՊԻ______. 9ƐSOԹ ՒSՌSƐ ՊԼƐ______.

(ƐSƷԻ) 9ƷSՋԹ ՒSՌSƐ ՊԻ______. 9ƐSOԹ ՒSՌSƐ ՊԼƐ______.

(ՃԻΊ) 9ƷSՋԹ OԻΊΊϚO ՊԻ______. 9ƐSOԹ OԻΊΊϚO ՊԼƐ______.

(ՃSƐƐƐ) 9ƷSՋԹ OԻΊΊϚO ՊԻ______. 9ƐSOԹ OԻΊΊϚO ՊԼƐ______.

(SՒΊ9) 9ƷSՋԹ ՒSՌSƐ ՊԻ______. 9ƐSOԹ ՒSՌSƐ ՊԼƐ______.

(ՎSՊ) 9ƷSՋԹ ՒSՌSƐ ՊԻ______. 9ƐSOԹ ՒSՌSƐ ՊԼƐ______.

(ƷՍՒԻ) 9ƷSՋԹ ՒSՌSƐ ՊԻ______. 9ƐSOԹ ՒSՌSƐ ՊԼƐ______.

(ՊSՌՌSƐ) 9ƷSՋԹ ՒSՌSƐ ՊԻ______. 9ƐSOԹ ՒSՌSƐ ՊԼƐ______.

(ԿƐΊ9) 9ƷSՋԹ ՒSՌSƐ ՊԻ______. 9ƐSOԹ ՒSՌSƐ ՊԼƐ______.

(9ͻԻԻ) 9ƷSՋԹ ՒSՌSƐ ՊԻ______. 9ƐSOԹ ՒSՌSƐ ՊԼƐ______.

ԿSՌ ԿSΊΊƐƐՌՍƐ	ԿSՌ ՂԼՋԼƐ	ԿSՌ ԿSΊΊƐƐՌՍƐ	ԿSՌ ՂԼՋԼƐ
ϚͻԹƷ	Ϛ̈ͻԹƷ	ՃԼՒՍ	Ճ̈ԼՒՍ
ՎSΊSΊ	ՎS̈ΊSΊ	ԻԼƐOOƐ	ԻԼ̈ƐOOƐ
ΊϚO9	ΊϚ̈O9	OƐO	OƐ̈O
ՎSՊƷԻ	ՎS̈ՊƷԻ	OSΙ9	OS̈Ι9
ƷԻՎԻ	ƷԻՎԻƐ	SΊSՋ	S̈ΊSՋ

4. 𐒻𐓆𐒷𐒻𐓂

𐒵𐒰 𐓏𐒼𐓀𐓂 𐓇𐓎𐒻𐓆𐓊𐓆 𐓏𐓆𐓒𐓒𐓄𐓒 𐓀𐓆𐒻 𐒿𐒲𐒰𐓆 𐓆𐓇𐓆 𐒿𐓂𐓏𐓂 𐓂𐒲𐓒𐓆.

(𐓌𐒰𐓒) 𐓃𐓒𐓒𐓆𐒰𐒰 𐓈𐒲𐓀𐓂 𐓏𐓄𐓒 𐓌𐒰𐓒𐓆𐒷𐓒𐓄.
𐓂𐒷𐓆𐒰𐒰 𐓈𐒲𐓀𐓂 𐓏𐒿𐒷 𐓌𐒰𐓒𐓆𐒷𐓄𐓒

(𐓄𐓂) 𐓃𐓒𐓒𐓆𐒰𐒰 𐒰𐒰𐓈𐓂𐒰𐓆 𐓏𐓄𐓒 ____. 𐓂𐒷𐓆𐒰𐒰 𐒰𐒰𐓈𐓂𐒰𐓆 𐓏𐒿𐒷 ____.

(𐒹𐓈𐒹𐓂) 𐓃𐓒𐓒𐓆𐒰𐒰 𐒼𐓄𐓒𐓒𐒰 _____. 𐓂𐒷𐓆𐒰𐒰 𐒼𐒿𐒷 ____.

(𐓒𐓆𐒲𐒹) 𐓃𐓒𐓒𐓆𐒰𐒰 𐒼𐓄𐓒 _____. 𐓂𐒷𐓆𐒰𐒰 𐒼𐒿𐒷 _____.

(𐓍𐒹𐓈) 𐓃𐓒𐓒𐓆𐒰𐒰 𐒼𐓆𐓈𐓍𐓆𐓂 𐓏𐓄𐓒 ___. 𐓂𐒷𐓆𐒰𐒰 𐒼𐓆𐓈𐓍𐓆𐓂 𐓏𐒿𐒷 __.

(𐓍𐓆𐓒𐒷𐓒) 𐓃𐓒𐓒𐓆𐒰𐒰 𐒼𐓆𐓀 𐓏𐓄𐓒 ____. 𐓂𐒷𐓆𐒰𐒰 𐒼𐓆𐓀 𐓏𐒿𐒷 _____.

(𐓆𐒾𐓈𐓂) 𐓃𐓒𐓒𐓆𐒰𐒰 𐓏𐒼𐒰 𐓏𐓄𐓒 _____. 𐓂𐒷𐓆𐒰𐒰 𐓏𐒼𐒰 𐓏𐒿𐒷 ______.

(𐓌𐓆𐓏) 𐓃𐓒𐓒𐓆𐒰𐒰 𐓌𐓄𐓒𐒹 𐓏𐓄𐓒 ____. 𐓂𐒷𐓆𐒰𐒰 𐓌𐓄𐓒𐒹 𐓏𐒿𐒷 _____.

(𐒲𐓎𐓀𐒹) 𐓃𐓒𐓒𐓆𐒰𐒰 𐓌𐓄𐒼𐓆 𐓏𐓄𐓒 ___. 𐓂𐒷𐓆𐒰𐒰 𐓌𐓄𐒼𐓆 𐓏𐒿𐒷 ______.

(𐓏𐓆𐒻𐒻𐓆𐓒) 𐓃𐓒𐓒𐓆𐒰𐒰 𐓏𐒿̈ 𐓈𐓈𐓂 𐓏𐓄𐓒 ____. 𐓂𐒷𐓆𐒰𐒰 𐓏𐒿̈ 𐓈𐓈𐓂 𐓏𐒿𐒷 ____.

(𐓀𐒷𐓈𐓂) 𐓃𐓒𐓒𐓆𐒰𐒰 𐓌𐓄𐒼𐓆 𐓏𐓄𐓒 _____. 𐓂𐒷𐓆𐒰𐒰 𐓌𐓄𐒼𐓆 𐓏𐒿𐒷 ____.

(𐓂𐓇𐒹𐒼) 𐓃𐓒𐓒𐓆𐒰𐒰 𐓌𐓄𐒼𐓆 𐓏𐓄𐓒 _____. 𐓂𐒷𐓆𐒰𐒰 𐓌𐓄𐒼𐓆 𐓏𐒿𐒷 ____.

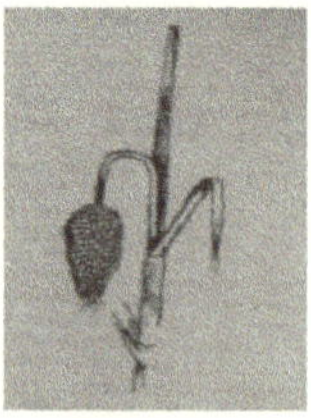

𐓇𐒿 𐒲𐒿𐒰𐒰𐒹:

𐒿𐓄𐓂 𐓏𐓆𐓂𐓆𐓈𐓍𐓆 𐒵𐓆 𐓇𐓂𐓂 𐓆𐓊, 𐓊𐓆𐓈𐒼𐓈

ꟽƛꞀꞀƛꟽꟽS ƸSƸ9ƐhꞀhꟽƸƇO

ƷƛꝜSƐƇƝ: ꝜƇ. ꟽƇ. SƐƇ

ᒪ 7ꞀƐSOS ƷƛꝜSƐƇƸƛ ꝜSƝSƐ ƷƛꝜhƐƇƸ (ƝSƜƐ19ƸSƐƇƸ) ꞀSƝꟽS ᒪSꟽSƐ SƽS ᒪ9ꟽ9OŤƸS.

ꟽhƜh7 ꟽƇ ƐƍƽƍO.

ꟽhƜh7ƜƐ ꝜƇ ƐƍƽƍO.

ƧS7SƽƐSO ꟽƇ ƝS S̈7ƜSƐ

ƧS7SƽƐSOꟽ Ɛ ꝜƇ ƝS ƜSꟽꞀSƐ

ƽS̈7ŤO9 ꟽƇ ḧ7OSƐ.

ƽS̈7ŤO9ꝜƐ ꝜƇ ƝS ƝƍꞀSƐ.

OSꝜSꟽh ꟽƇ ꟽƛ̈ƸꞀSƐ

OSꝜSꟽSOƐ ꟽƛ̈ƸꞀSƐ ꝜƇ ƝS S̈7ƜSƐ

OSƝƝSO ꟽƇ ISꟽꞀSƐ.

OSƝƝSOOƐ ƝƛƸꞀSƐ, ꝜƇ ƝS ƧÏƝSƐ.

ᏗSᏂᏂᏥᏃ ᏧᏣ
ᏂᏬᏥSᏋ.

ᏗSᏂᏂᏥᏃᏗᏥᏋ ᏥᏣ
ᏂS ᎤᏗᏧᏁSᏋ.

ᏧᏣᏂ ᏧᏣ
ᏑᏂ'SᏋ.

ᏧᏣᏂᏗᏋ ᏥᏣ ᏂS
ᏁᏥᏆSᏋ.

ᏃᏗᏑSᏋᏣᏋS ᏥSᏛᏣ ᏗS ᏐᏬᎤ SᏋ **-SᏋᏣ-**.

ᏥᏗᏛᏥ ᏂS ᏐSᏧᏃᏂ ᏋSᏋSᏋ ᏧᏣ ᏬᏋᏂ ᏥᏣ.

- ᏧSᏥᏋᏂᏆ SᏋᏣ ᏋᏬ̈ᏐᏬᎤ,
- ᏋSᏆSᏐᏧSᎤ SᏋᏣ ᏂS SᏆᏗSᏋ.
- ᏐSᏆᏨᎤᏬ SᏋᏣ ᏂᏆᎤSᏋ.
- ᎤSᏥSᏧᏂ SᏋᏣ ᏧᏗᏃᏁSᏋ
- ᎤSᏂᏂSᎤ SᏋᏣ ᏚSᏧᏁSᏋ
- ᏗSᏂᏂᏥᏃ SᏋᏣ ᏂᏬᏥSᏋ.
- ᏧᏣᏂ SᏋᏣ ᏑᏂ'SᏋ

ᏧÏᎤᏞᏃ: ᏑᏣᎤᏋᎤᏧSᎤᏌᎤ ᎤᏨᏃᏂSᏃS ᏗS ᏋSᏆ ᏋᏥ ᏆᏬᏑSᏃS

ᏗSᏥᏞᏋᏃ

Ꮪ. ᏁᏚᏋᏁᏭ ᏳᎯᏅᎯᏧᎯᏚ ᏋᏚᏋᏭᏋᏂᏅᏂᏧᏋᏍᏫ

ᎯᎯ ᏧᏂᏁᏭ ᏓᏌᏁᏚᏋᏚ ᏧᏚᏋᏍᏋ: **ᏂᏍ, ᏧᏍ, ᏚᏋᏍ**

ᏧᏂᏯᏂᎩ ᏧᏍ ᏋᏭᏓᏭᏫ.

ᏋᏚᎩᏚᏓᏧᏚᏫ ____ ᏁᏚ ᏚᎩᎯᏚᏋ

ᏓᏚᎩᏫᏫᏭ ᏂᏝᏋᏋ _____ ᏋᏭᏓᏭᏫ

____ ᏁᏚ ᏚᎩᎯᏚᏋ ᏫᏚᏂᏚᏧᏚᏫᏋ

____ ᏁᏚ ᏋᏝᏁᏚᏋ ᏫᏚᏁᏁᏚᏫᏫᏋ

ᏁᏭᏧᏍᏁᏋ ____ ᏳᎯᏋᏚᏋ ᏂᏚᏋᎯᏋ

ᏧᏍᏁ ___ ᎯᏚ ᏜᏂ'ᏚᏋ ᏋᏭᏓᏧᏭᎩᏅᏍᏰ

Ꮛ. ᏁᏚᏋᏁᏭ

ᏯᏂᎩ Ꮯ ᏓᏚᏜᏚᏧ Ꮻ ᏫᏂᏉᏫᏜᏅᏚ ᏚᏋ:

Ꮪ. ______________ Ꮛ. ______________

Ꮒ. ______________ Ꮓ. ______________

Ꮛ. ______________ Ꮍ. ______________

Ꮣ. ______________ Ꮯ. ______________

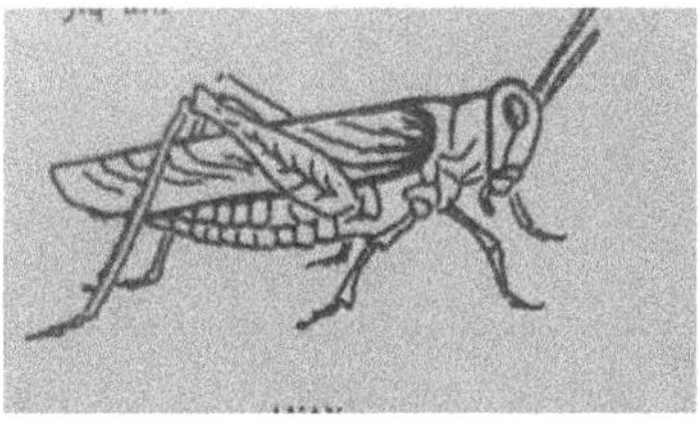

ᏚᏋᏚᏁ: ᏧᏚᏋᏚᏁ ᏋᏚᎩᏋᏚᎩ Ꮻ ᏧᏍᏁᏚᏁ ᏁᏝᏋ, Ꮻ ᏅᏭᎩᏂ ᏧᏚᏫᏚᏋ, Ꮻ ᏰᏭ ᏫᏚᎩᏂ Ꭹ ᏁᏚ ᏓᏫᏫᏂ ᏭᏰᎯ ᎩᏍᏧᏚ Ꮻ Ꭿ ᏫᏂᏁᏚ, Ꮻ ᏓᏭᎩᏅᏚ ᏭᏋᏂ ᏧᏌᎩᏚᏋᏚ ᏧᏍᏧᏭ'ᏭᏋᏚ.

ЖЯЧЛЖЯS ПЭПЭЄhЧЋЖƨGO

S. ƐS: ЋG ƨЭЖЖSƨSƐS ЗЭOOUOGO U ПЯƬЋЧЧS SЧ

ЗЋЭGПЭЯS.

Ɛ. ƐS: ЋG ԼƬԼЄ Пm SOUЯЗSOh ЭSƬЯЄ ЋSП ПSЄЗ ЧSƬSЄh SЭS ЧSПh Зm ƖUOЭƨ. ЧSПЯS SЄG ПSЯS ƐhƬ ЭSƬЭЄG ЗЭOGƨ:

ƐS ЗUПOh ЭƨSƨЯЯ. ƐS ЗUПSЧh ЭƨSƨЧЯ.
ƐS ЖЯƨh ЭƨSƨЯЯ. ƐS ЖЯƨЧh ЭƨSƨЧЯ.

ƐS ЧЄƬЄh ЭƨSƨЯЯ. ƐS ЧЄƬЭЗh ЭƨSƨЧЯ.
ƐS ЭПGПЭЄh ЭƨSƨЯЯ. ƐS ЭПGПЭЗh ЭƨSƨЧЯ.

ƐS SЋƬЭЄh ЭƨSƨЯЯ. ƐS SЋƬЭOh ЭƨSƨЧЯ.
ƐS hƬOh ЭƨSƨЯЯ. ƐS hƬhOh ЭƨSƨЧЯ.

ЗЭOGƨ ЯhƬ ЯЯ ЖhƬSƨ ЭЄh ЧSƨ ƐmЗ ЯЯ ЖhƬSƨ ЋG ЭЗЯЯ ЯƖUO.

ЭƨSƨЯЯ ƐS ЗUПOh. ЭƨSƨЧЯ ƐS ЗUПSЧh.
ЭƨSƨЯЯ ƐS ЖЯƨh. ЭƨSƨЧЯ ƐS ЖЯƨЧh.

ЭƨSƨЯЯ ƐS ЧЄƬЄh. ЭƨSƨЧЯ ƐS ЧЄƬЭЗh.
ЭƨSƨЯЯ ƐS ЭПGПЭЄh. ЭƨSƨЧЯ ƐS ЭПGПЭЗh.

ЭƨSƨЯЯ ƐS SЋƬЭЄh. ЭƨSƨЧЯ ƐS SЋƬЭOh .
ЭƨSƨЯЯ ƐS hƬOh. ЭƨSƨЧЯ ƐS hƬhOh.

h. ƧS:

ᏱSᎢᎯᏋ ᏓSᏁᏂ ᏰᏜᏞOᏭᏋ OᏋOᏱᏂ SƧ SᏋ ᎡᏭᎢᏓᏂ, ᏓSᏁᎯS SᏋᎦ ᏁSᏜS ƧᏂᎢᏱSᎢᏭᏋᎦ -ƧS-

ᏰᏭOᎦᏋ: OᏋOOᏂ (ƧS)

ƧS ᏜᏗᏋᏭᏋ ᏓᏗᏋᎯᎦᏋS. ƧS OᏭᏁᏭᏋ ᏜᏋᏁᎯS.
ƧS ᎸᏋᎢᏭᏋ ᏜᏂᎢᎢSᏁOS. ƧS ᏰᏌᏁSᏋ ᏜSᏋᏋᎦᏋᎯS.

ƧS ᏂᎢOᏭᏋ. ƧS ᏰᏌᏁSᏋ.
ƧS ᏜᎦᏋᏭᏋ ƧS ᏋᏌᏜᏭᏋ ᏜᏌᏋ.

ᏓᏗᏰᎦᏁᏓ:

ƧS ᏜᏜᏁᏭᏋ ƧSᎢᏜᏜᎯS. ƧS ᏜSᏜᏜᏭᏋ ᏜᎦᏋSƧS.
ƧS ᏓᎦᏜSᏋ ᏜSᏜᏜᏋᏓƧS ᏭᏋᏂ ƧSᎢᏜᏜᎯS.

ƧSᎢᏜᏜ: ᏓᏋᏁ ᏭᏋᏂ ƧSᎢᏜᏜ.

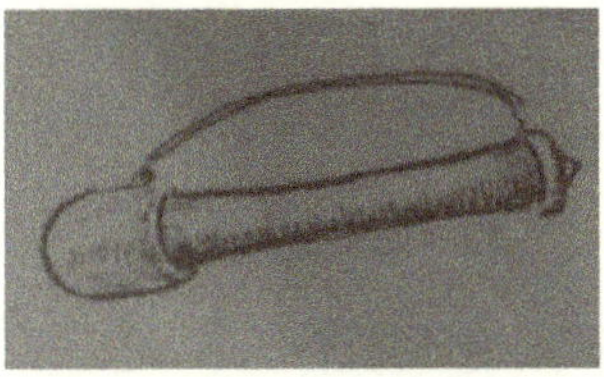

ᏜSᏜᏜᏋᏓ: ᏜᎦᏋᏰᏂ ᏭᏋᏂ ᏜSᏜᏜᏋᏓ

OᏗOOᏗᏋ:

OᏗOOᏗᏋᏓS ᏜSᏁᎦ ᏓᏭᏰS SᏜᏜᎢᎯS

Ɣ. ƐS:

ƐS: ⅃SƬ ƘƇ ƎƧhOhƧ ƞ ⅃SƦSƎƐSOS ƎƇƬ ƧƖƐ ƦSOƇՈ ȜS ƖƇƎOƇ (ƐS).
ƐS-Oƌ: ƘSՈSƐ ƖƇƎOƇ ⅃SƦSƎƐSOS ՈSƧ Ա ȜÏՈƍ ƞ Ȝƌ ƖS⅃⅃ƇOS "Ɩ".

ƔƌƃƇՈƖ: OSƧSƦƇՈՈƖ, ƧƍƖƖ. ƦSƧƞƐƖ. ƎSƨƧƖ

ƎƧhOhƧ:

OSƧSƦƇՈՈƖ-ƐS OSƧSƦƇՈՈƖ-Ɛƌ OSƧSƦƇՈՈƖ-ƐƐ.
ƧƍƖƖ-ƐS ƧƍƖƖ-Ɛƌ ƧƍƖƖ-ƐƐ.
ƦSƧƞƐƖ-ƐS ƦSƧƞƐƖ-Ɛƌ ƦSƧƞƐƖ-ƐƐ.
ƎSƨƧƖ-ƐS ƎSƨƧƖ-Ɛƌ ƎSƨƧƖ-ƐƐ.

ƐSOOƐ ⅃SƦSƎ ƘSOSƬ SƐ Ȝƌ ƖS⅃⅃ƇOh "h", ƘSՈƇ ƦSOƇՈ ȜS ƖƇƎS ƎƧhOhƧȜS"ƐS".

ƔƌƃƇՈƖ:
⅃SƦSƎ ƘSOSƬ ƞ ƎƧhOhƧ ՈS ƃhƎOh

ƦƌƖƐh: ƦƌƖƐS-ƐS,

ƐSƧƬh: ƐSƧƬh-ƐS,

ƃSƖƐƬh: ƃSƖƐƬh-ƐS.

OSƧSƦƇՈՈƖ

ႡSՈՈƇƬ

ᏋᏓᎯᏂᏁS7ᏋᏋ7ჩ Ᏻ. ᏂᏓᏁSO 9Eჩ ᏂᏲᏒ

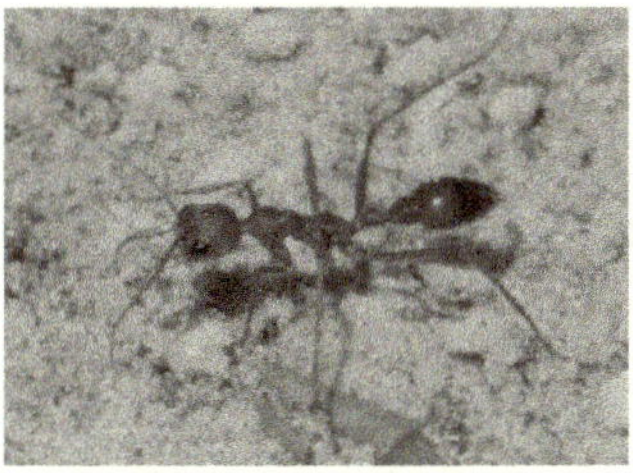

I97SᏭ

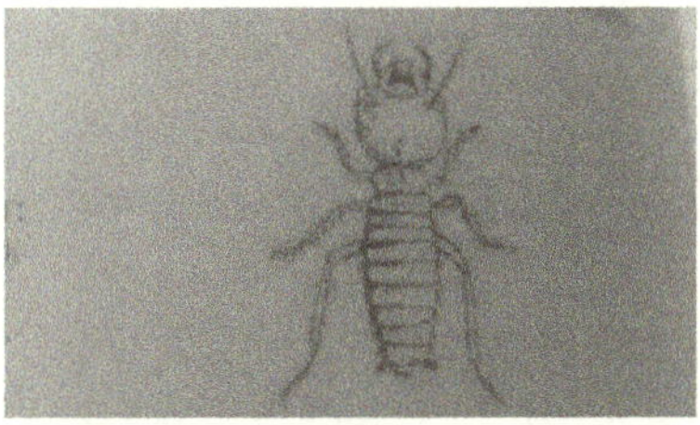

SᏭᏲ7

I97SᏭ 9Eჩ SᏭᏲ7 ᏑᏕ ᏭᏂᏁ ᏲI97SᏭᎯ SᏭᏲ7ᎯS SEᏑ ᏂᏲᏒ ᎯᎯ ᏁᏕEᏕ Ᏺ ᏭᎯᏋᏕ.
SᏭᏲ7ᎯᎯ ᏂᏓᏁSO SEᏑ ᏋᏓᏋᏕ Ᏺ OᎯOOᎯᏋ SEᏑ ᎯS ᎯᏂ7 Ꮣ9ᏱᏕ SᏓᎯS ᏒᏂOᎯS I97SᏭS, Ᏹ9 I97SᏭᎯ Ꭿ ᏱᏲ Ꮽ9Ꮒ9Ᏻ.

I97SᏭ: ᏋS ᎯS Ꮒ97I9Ᏻ ᏒᏂOᎯSEᏒS SᏓᎯS. Ᏹ9OᏓ Ꭿ ᏱᏲ ᏭSᏂSEᏕ?

SᏭᏲ7: ᏋSOOE ᏕO ᎯS ᏱᏲ ᏭSᏂO9O ᏒᏂOᎯS ᏑᏕ 9 ᏭᎯᏋSEᏱᏕ.

I97SᏭ: ᏋS ᎯS Ꮣ9Ᏹ9Ᏻ OᎯOOᎯᏋ ᏒᏂOᎯSEᏒS SᏓᎯEᏱS.

SᏭᏲ7: ᏋS ᏭSᎯ9Ᏻ OᎯOOᎯᏋᏓᎯ ᏑᏕ ᏒᎯ79ᏒSEᏒE.

I97SᏭ: ᏕᏋ ᏋᏓᏋEᏋᏋჩ Ᏺ OSᏒᏕᏁᎯS IᏲI9.

SᏭᏲ7: ᏑᏕ ᎯᎯᏁS ᏋᏓᏋEᏋ Ꮣ ᏋS 9 ᏭᎯᏋ9Ᏻ.

I97SᏭ: ᏑᏕ ᏐSᏋSOᏱSᏋ ᏓSᏋSE, 9ᏋᏕO ᏋᏓᏋEᏱ ჩᏒᏒჩᏁᏕᏓSE.

SᏭᏲ7: SO9ᏒᎯ ᏐS7 OSᏋᏭᏓ ᏋS ᏭᎯᏋ9Ᏻ SᏭᏲ7ᎯS.

I97SᏭ: ᏋSᏑ7Ꮥ7ᏱSᏋ.

ᏐᏕᏋᏐᏕᏋ: OᎯOOᎯᏐჩ 9Ᏻ ᏁS OᎯᏒᏱSOჩ 9Eჩ 9Ᏻ ᏁS OS7ᏓᏋᏱSOჩ ᏁS 9ᏱᎯᎯ ᏐS ᏋᏓᏁჩ.

SOU

S. ᏁSᏋᏁ9 ᏜᏗᏆᏗᏑᏣS Ꮑ9ᏁᏋᏂᏆᏂᏑᏜᏍO

ᏣᏗ ᏑᏂᏁ9 ᏑᏌᏁSᏋS ᏑSᏜᏜᏍᏜ ᏄSᒣᏋᏜᏁᏓᏋ "ᏋS", ᏂᏍᏜ OᏋOOᏂ SᏋSᏋᏜ.

ᏓᏰᏰ, ᏰᏌᏁᏂ, ᏜᏌᏘ, ᏜᏗᏜ, ᏄᏋᒣ9, ᏂᒣᏂO, Ꮬ9, ᏍO, ᏜSᏑ, IᏌᏁ.

ᏆᏗᏰᏍᏁᏓ: ᏋS ᏜᏗᏜᏂ ᒣᏂᏆ9ᏘS

____ ____ ᏥᏂᒣSᏁOS. ____ ____ ᏰᏜSᏜᏣS.

____ ____ Ꮡ9ᏋSᏋS. ____ ____ ᏑᏍᏜᏆS.

____ ____ ᏘᏗᒣ9ᏘS. ____ ____ ᏑᏂᏘᏘS.

____ ____ ᏰSᏜS. ____ ____ SᏑᏂᒣᏣS.

____ ____ ᏑSᏘᏍᏁSOS. ____ ____ ᒣᏗᏜ.

Ɛ. ᏁSᏋᏁ9

ᏣᏗ ᏑᏂᏁ9 ᏑᏌᏁSᏋS ᏑSᏜᏜᏍᏜ ᏂSOSᒣᏆS ᏥᏂOᏂᏑᏣᏌOS.

ᏘSᏑᏓᏂ: ᏘSᏑᏓS-ᏋS ᏘSᏑᏓᏗ-ᏋᏗ ᏘSᏑᏓ9-ᏋᏋ

ᏘÜOᏂ: ______ ______ ______

ᏄSᏁᏁᏍᒣᏂ: ______ ______ ______

ᏄSᒣOᏂ: ______ ______ ______

h. ᏁSᏋᏁ9

ᏘᏗ ᏥᏂᏁ9 ᏍUᏁSᏋS ᏥSᏤᏤᏍᏤ OᏋOOᏂᏁᏓᏋ "ᏋS".

ᏓᏭᏴ, ᏴUᏁᏂ, ᏋUᏈ, ᏧᏗᏤ, ᏐᏋᎢ9, ᏂᎢᏂO, Ᏺ9, ᏍO, ᏧSᏥ, IUᏁ.

ᏊᏗᏴᏍᏁᏓ: ᏋS ᏧᏗᏤ9Ꮴ ᎢᏰᏊ9ᏈS.

____ ____ ᏤᏂᎢᎢSᏁOS. ______ _____ᏧSᏤIUᏁᏂ.

____ ____ Ᏻ9ᏋSᏋS. ______ _____ ᏂᏋᏁᏘS.

____ ____ ᏈᏗᎢ9ᏈS. _____ _____ ᏥᏂᏈᏈS.

____ ____ ᏴSᏧS. _____ ____ SᏥᏰᎢᏘS.

____ ____ᏍSᏈᏍᏁSOS. ____ ____ ᏥUᏤ.

ᏐSᏁ ᏐSᎢᎢᏋᏤᏁUᏋ	ᏐSᏁ ᏊᏓᏈᏓᏋ	ᏐSᏁ ᏓᏋᎢᎢᏋᏤᏁUᏋ	ᏐSᏁ ᏊᏓᏈᏓᏋ
ᏥSᏁ	ᏥS̈Ꮑ	ᏈᏰ	ᏈᏰ̈
ᏐSᏁ	ᏐS̈Ꮑ	ᏊᏂᏁ	ᏊᏂ̈Ꮑ
ᏋᏥ9	Ᏻ̈Ᏻ9	ᏘSᎢ9	ᏘS̈Ꭲ9
ᏤSᏧ	ᏤS̈Ᏻ	Ꮑ9Ꮴ	Ꮑ9̈Ꮴ
ᏋᏋO	ᏋᏋ̈O	ᏋᏗᏥ	ᏋᏗ̈Ꮵ
ᏋᏗᏥ	ᏁᏋᏗ̈Ꮵ	ᏁUᏐ	ᏁÜᏐ
ᏴᏂᏧᏂ	ᏴᏂᏧᏂᏋ	ᏴUᏁᏂ	ᏴUᏁSᏋ

ᏘᏗᎢOSO: ᏈSᏋ9 ᏓUᎢ Ᏸ ᏋSᏂUᏤᏘᏗ ᏈSᏋSOᏍᏤ Ᏸ ᏈᏰᏈSᎢSOOS ᏤSᎢ9ᏋS

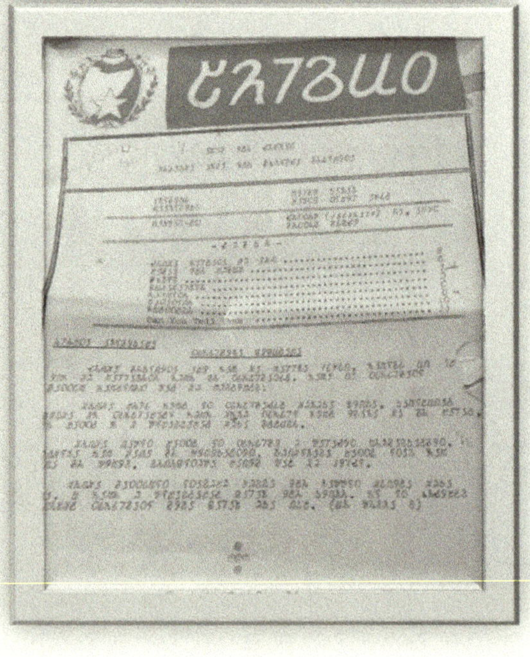

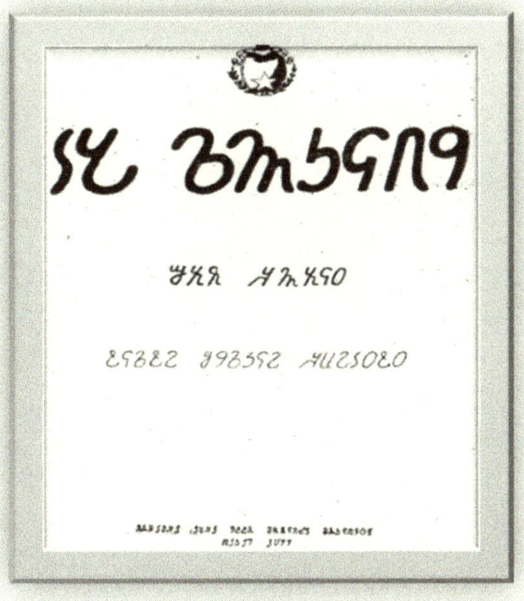

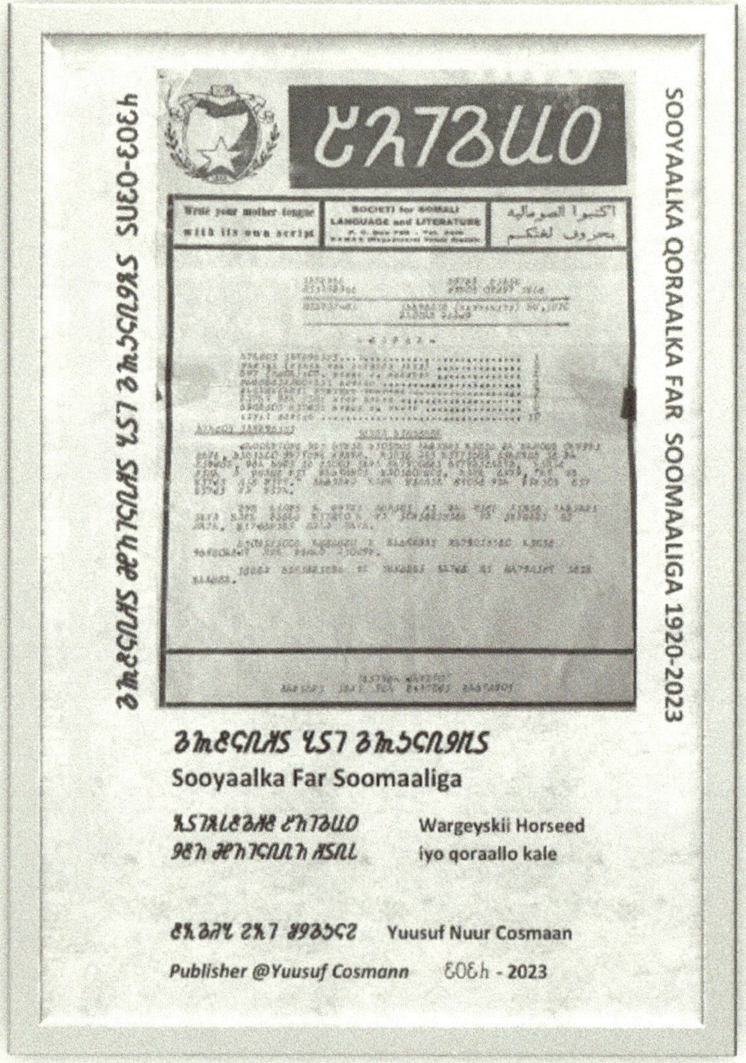
SOOYAALKA QORAALKA FAR SOOMAALIGA 1920-2023
Write your mother tongue with its own script
SOCIETY for SOMALI LANGUAGE and LITERATURE
اكتبوا الصومالية بحروف لغتكم
Sooyaalka Far Soomaaliga
Wargeyskii Horseed
iyo qoraallo kale
Yuusuf Nuur Cosmaan
Publisher @Yuusuf Cosmann
- 2023

ᱥᱟᱱᱛᱟᱲᱟ ᱟᱨ ᱵᱷᱳᱜᱱᱮᱞᱟ

᱑. ᱠᱮᱡᱡᱟᱥᱟᱠᱜᱱ
᱒. ᱫᱤᱯᱞᱠᱜᱱ ᱞᱜᱡᱟᱥ
᱓. ᱫᱤᱯᱞᱠᱜᱱ ᱵᱩᱭ
᱔. ᱦᱷᱯᱞᱠᱜᱱ ᱞᱜᱡᱟᱥ
᱕. ᱦᱷᱯᱞᱠᱜᱱ ᱵᱩᱭ
᱖. ᱲᱟᱳᱵᱟ

ᱡᱨᱞᱞᱟ ᱦᱛᱛᱜᱚ

ᱷᱛᱯ: ᱠᱛᱵᱤᱨ ᱥᱛᱭ ᱡᱮᱵᱳᱜᱥ

ᱱᱛᱥᱚᱛᱥ ᱒᱐᱑᱙

Yuusuf Nuur Cosmann London UK 2024

-yuusf osman

SS4

CSS

3303

[illegible] [illegible] 3303

SSC

[illegible] [illegible] [illegible]

Milton Keynes UK
Ingram Content Group UK Ltd.
UKHW031213111124
451035UK00007B/754

9 798885 893121